HELP, de Antillen verzuipen

John Baselmans

Curaçao, 2009
Second edition 2010

This book is written by
John Baselmans

Photos and illustrations are from the hand of
John Baselmans

With thanks to all those people who are supporting me.

ISBN 978-1-4092-7972-3

Inhoudsopgave

Voorwoord

Ondertussen zijn we aan een derde boekje beland in de wereld van ingezonden stukken. Het is een boekje geworden met een klein deel 'ingezonden stukken' die ik in een politieke sfeer heb geschreven. Het zijn stukken gekoppeld aan de politiek met als doel om de kortzichtigheid maar ook de werkmethoden van onze bestuurders aan te tonen. Maar ook politiek Den Haag steekt af en toe zijn kop op en laat zich nu ook niet altijd van de goede zijde zien. Nu is het niet in mijn bedoeling om politiek te voeren en zeker niet in te mengen in de kortzichtige zienswijze van de politici hier op het eiland of wereldwijd. Kortzichtig, omdat zeer veel politici domweg niet beter kunnen, wat geen wonder is omdat ze werkelijk een degelijke politieke opleiding missen. Vele hebben nauwelijks de normale gang van scholen doorlopen, laat staan zich gespecialiseerd te hebben in politiekvoeren. Het is zonde van je tijd en het is een zeer negatieve wereld waar kosten noch moeite worden gespaard om het leven van elkaar onmogelijk te maken. Het is treurig dat je met een juffrouwopleiding en wat boekjes lezen over het rechtssysteem, je als minister kunt uit geven. Dat bleek ook wel in de verhitte onderhandelingen voor de nieuwe staatkundige structuur hier op de Antillen waar een van de politieke pionnen het op de volgende manier formuleerde; *Wij als Antilliaanse vertegenwoordigers gingen met zijn drieën aan een grote tafel zitten waar kort daarna een voltallig 25 man tellende Nederlandse delegatie aankwam, plaats nam, laptopje opstartte en elk in zijn specifieke vakkennis één voor één het woord nam. Er zat niet veel anders op dan ja en nee te knikken want vele delen van deze onderhandelingen waren ver boven onze pet. Maar we hebben het er toch niet gek van afgebracht'*, meende deze persoon ook nog tot slot te vertellen.

Dit is een duidelijke uitspraak om te tonen waar onze lokale politici op de ladder van de internationale politiek staan. Kennis van zaken is ver te zoeken wat ook niet kan als je al niet in een politieke wieg bent geboren. Zeer vele beslissingen op deze eilanden zijn doorgaans gebaseerd op emotionele gevoelens en blindheid.

Dit boekje zal mijn ervaringen naar buiten brengen in de laatste maanden waar ik nog stukken schreef in diverse lokale- en Nederlandse kranten plus websites. De daarop volgende gebeurtenissen zijn per stukje bijgevoegd of omschreven in de kolom 'toelichting'. Het gaat mij erom u te laten zien wat allemaal gaande is in en om de politiek. Ik stel ook voorop dat dit boekje niet is om persoonlijk politici aan te vallen of te beledigen. De gedachtegang achter dit boekje is om u, door middel van correspondentie die ik had met politici en hun pionnen en op die manier hun gedachtegang, hun niveau en hun werkwijze te laten ervaren. Politiek, een speelbal van een nog machtiger macht die als maffia in de vele corrupte praktijken hier op de eilanden afspeelt.

Ik weet dat het maar een fractie is van wat er werkelijk gebeurt in deze maffia politiek. Een politiek waar we bestuurd worden, niet door deze marionetten politici genaamd, maar door 'machtige mensen' achter hen. Dit verklaart dan ook de meestal vreemde beslissingen en vreemde gedragingen. Dan praten we nog niet over de vele vreemde zaken als mensen- en wapenhandel, kinderporno en gokwereld, waar wij als klein eilandje zeer regelmatig mee naar buiten komen. Neem bijvoorbeeld DOK die meent een schadeclaim van 80 miljoen dollar te kunnen omzeilen en de mensenhandel die steeds grotere vormen aanneemt te verschuilen.

Kan ook niet anders, want in een maffia wereld is alles mogelijk en zeker als het ook nog eens de maffia is die hier weelderig leeft, werkt en opereert.

Nogmaals voor alle duidelijkheid. Dit boekje is geen persoonlijke aanval op wie dan ook. Het boekje is alleen ter illustratie dat de politiek op deze eilanden een marionet is van een ziek systeem en zijn maffia die alles bepalen. Helaas is deze 'ziekte' doorgedrongen alleen naar de politici toe maar ook onder ons burgers. Door het citeren en plaatsen van persoonlijke mails van verschillende politici, gezagdragers en andere in de politiek rondhangende pionnen wil ik u van dichtbij mee laten maken waar een mens toe in staat is. Geen vetes, geen aanvallen of wat dan ook van dien aard. Het is gewoon het openbaarstellen en het transparant maken van de gedachtegang, werkwijze van onze bestuurders en de pionnen om hen heen met alleen de bedoeling om uw ogen te openen.

Integriteit en objectiviteit maar vooral respect is ver te zoeken in deze wereld en helaas doen velen hier nog eens een schepje bovenop. Daarom wil ik door middel van dit boekje bijdragen aan een transparanter geheel waar wij burgers als volwaardige mensen worden gezien en ook zo worden behandeld. Ik hoop dat u bij het lezen van dit boekje werkelijk in gaat zien dat wij Antillen aan het verzuipen zijn. Verzuipen als mens, burger en als ziel van een geheel wat onze wereld momenteel maakt. Een voorbeeldfunctie, een leidraad en een vaste pilaar zouden onze politici moeten zijn. Helaas, de werkelijkheid is anders en dat laat ik u nu hier lezen.

John

Warmlopertje

Na het uitbrengen van mijn boekje 'Moderne slavernij in het systeem' werd het stil in de kranten. Ik kreeg geen kans om het boekje waar dan ook aan te bieden. Onze premier was alsmaar te druk met foto sessies in de kranten en verdere zgn. hoge gasten. Maar ook de Gouverneur was alsmaar onbereikbaar. Het was kennelijk al zeer snel bekend dat het een boekje was waar vele mensen er niet zo goed vanaf kwamen.

In dit boekje zal de ware politicus naar boven komen waar ik met ingezonden stukken, mails en brieven laat zien hoe de werkelijke politiek zich gedraagt op onze eilanden. Stuk voor stuk zal ik de vele dingen bespreken die zijn gebeurd omtrent deze ingezonden stukken. Stukken, die lijntjes waren, die uitgegooid werden en waar o zo veel mensen als gieren op sprongen. Zoals ik al eerder in het voorwoord schreef, zijn deze laatste ingezonden stukken meer politiek gerichter geworden en zijn er zelfs enkele politici werkelijk op de kast beland.

Er gebeurde in die tijd nog meer dan wat ik had verwacht. Er werd gebeld door een lid (lees pion) van de PAR of ik mee kon denken over het huidige politieke klimaat en wat de mensen om me heen dachten van de manier zoals er te werk gegaan was. Later werd het me pas duidelijk wat de opzet was en ik zal dit ook heel uitvoerig met u door gaan nemen. Zo gaat u werkelijk een idee krijgen dat de politiek nergens voor terugdeinst op dit eiland en werkelijk over lijken gaat (net zoals het in de maffia is).

Politiek is door mij altijd al gezien als een 'kermis', een 'lachwekkende zielige vertoning' waar mensen komen en gaan en waar clowns mensen proberen te laten lachen en een andere wereld willen afspiegelen dan waar je werkelijk in zit. Politici zijn mensen die opdracht hebben vanuit het systeem om de bevolking te manipuleren, onderdrukken en als slaven te laten opdraven voor dat zelfde ziek systeem. Wij behoren politici te zien als bestuurders die weten hoe een land zou moeten worden geregeerd of te leiden. Maar politici zijn meer, het zijn meesters in manipuleren, omzeilen van werkelijkheden en nog betere meesters in ontkennen van zaken. Werkelijke artiesten die in een film op Hollywood thuishoren en met een stalen gezicht weten te beweren *dat alles goed komt* terwijl de poten onder hun bureau worden afgezaagd.

Toch blijkt in de vele jaren die ik op dit eiland leef dat een land wat stuurloos is zoals de Antillen, door blijft draaien. Kijk naar het tijdperk familie Godeth, waar nauwelijks vergaderingen waren en waar alsmaar de bestuurders wegliepen van hun verantwoordelijkheden. Wat bleek, het land Antillen bleef toch door draaien!

Zijn de politici hier op deze eilanden dan echt nodig? Vraag je, je af. Ik ging er altijd vanuit dat een land politici nodig had maar dat tijdperk bewees werkelijk dat al die politici overbodig zijn en ons als burgers alleen maar geld kosten. Veel geld! Ze hebben duidelijk bewezen dat we zonder deze over 'intellectuele' hap kunnen. Doorgaans zijn deze mensen zo intelligent dat ze niet weten wat ze aan het doen zijn. Grotendeels komt dat omdat ze nauwelijks scholen hebben doorlopen of de talen beheersen waar ze in moeten onderhandelen.

Laat staan dat ze inzicht en gevoel hebben. Zo kunnen we de Antilliaanse politici doorgaans beter omschrijven.

Wel bleven de eilanden bestaan en zelfs Nederland weigerde om in te grijpen. Natuurlijk, want al die clowns die op de heerlijke stoelen zitten en zaten waren in dienst van een hogere macht die we al meerdere malen genoemd hebben als zijnde de maffia. Deze maffia beheert en stuurt deze eilanden exact waar zij die willen hebben.

- Ondertussen gaat het gokken door en zijn vele casino's een duistere zaak.
- Gaan de drugstransporten over zee, onderzee en in de lucht dagelijks door.
- Ook duiken er steeds meer nieuwe takken op als mensenhandel.
- De wapenhandel mogen we zeker niet vergeten. De containerhaven is een geweldige plaats om te verhandelen en door te voeren.
- Kinderporno die een grote opmars maakt op deze eilanden via internet maar ook in de werkelijke wereld.
- Slavenhandel waar we al een boete op ons dak hebben van 80 miljoen dollar.
- Maar vergeet niet het witwassen van zeer veel geld vanuit Europa door onze welgeliefde en geweldige medeburgers van aldaar.
- Vreemde handel in medicijnen, waaronder via internet.

Bewijzen zijn er ten overvloede. Dagelijks komen er wel kleine gevallen naar boven als de grote machtige groep dat wil. Doe je niet mee of word je te lastig of voldoe je niet aan je laatste verplichtingen, eindig je in een bol van gaas verzwaard met wat stenen diep op de oceaan bodem. Na jaren spoelen dan wel weer je botten naar de kant zoals we ook al regelmatig hebben kunnen vernemen en we nooit te weten komen wiens eigendom die botten zijn.

Nu denken we dat de criminelen allemaal mensen zijn van hier en er wordt alsmaar aangeduid in de volksmond als 'de Hindoes' en 'de Arabieren'. Ze hebben wel even 864 meubelzaken op dit eiland opgezet. Wat natuurlijk is want iedereen wil toch op een stoel zitten, niet waar? Maar via de meubels blijken zeer grote partijen drugs binnen te komen en wordt er grote sommen geld vrijgemaakt om wit te wassen. Ook het geld van alle nieuwe gebouwen moet toch ergens vandaan komen. Allemaal met een geldig (gekocht) Nederlands paspoort, als ik de tipgevers mag geloven! Maar niet te praten over de containers die volgeladen met wapens gevonden zijn en op hun conto worden bijgeschreven.

Maar we moeten het ook in een andere richting zoeken. Er is ook een grote groep Nederlanders die niet al te zuiver zijn. Huizen van miljoenen worden er neergezet. En het zijn stuk voor stuk 'eerlijke' zakenlui die hun geld eerlijk verdiend hebben. Wel vertellen ze meestal in een opwelling of in een sterk verhaal dat het Nederlandse belastingsysteem een waardeloos systeem is! Maar nu komen ze toch voor de zon, zee en stranden en willen genieten van hun oude dag! Och ja, het is maar welk spel en hoe je het speelt. Mooie verhalen en werkelijk ontroerend om naar te luisteren.

14

Vreemd genoeg verdwijnen deze goede mensen net zo snel als dat ze gekomen zijn. Soms tierend dat dit toch een rot eiland is, maar meestal zeer stil met een enkele reis terug naar hun stekkie in het belastinglandje Nederland genaamd! Overigens, grotendeels gaan ze weer weg zonder maar een cent bijgedragen te hebben aan dit zogenaamde heerlijk eiland. Deze Europese Nederlanders zijn doorgaans hier om hun geld te wassen en zich van elke verantwoordelijkheid te onttrekken als fatsoenlijke burger. Bewijzen zijn ook hier te zien en te lezen dagelijks in de diverse kranten. O ja, vergeet niet, wie zijn ook al weer de grootste tegenstanders van een 'Ja' in het afgelopen referendum? U weet het niet? Nu denk maar eens na en lees even de laatste alinea nog eens. Natuurlijk, want met meer controle zal zowel de maffia als deze witwassers meer onder druk komen te staan.

Een geheel ander fenomeen duikt momenteel in de wereld van internet op, waar mensen onder een pseudoniem commentaren leveren. Onze Antilliaanse politici menen zich ook te moeten mengen in diverse forums. Niet omdat ze het leuk vinden maar om zo hun wil op te dringen aan ons burgers. Er zijn vele forums en zeker in de tijd van het referendum, waar politici onder 'valse namen' aan het schrijven waren. Op een gegeven moment ben ik al voor het referendum op de website van Stanley Brown 'Tink Tank' gaan schrijven. Een belachelijke vertoning waar mensen situaties creëerden en zelfs superman/vrouw werden maar die allemaal onder een valse naam een grote mond hebben! Ik opperde om met de werkelijke naam te komen. Nou, ik heb in mijn leven nog nooit zoveel scheldwoorden op mijn scherm gezien en ben ook vertrokken uit dit zeer laag bij de grond forum waar een heer Brown nog trots op is ook!

Ja, dat klopt, in boeken hadden schrijvers nog wel eens een pseudoniem, ook kunstenaars speelden daar wel eens mee maar dan nog wist men wie die persoon werkelijk was. Grote persoonlijkheden gaan niet schuilen achter een pseudoniem maar komen uit voor wie ze zijn. Een van de mooie schuilnamen is namelijk 'LOVE' die staat voor een van onze zeer actieve internet politici, zoals ik mocht vernemen in een mail van een partijgenoot. Een minister die zich voor leent om als 'LOVE' op internet te presenteren. Toen ik aanmerkingen maakte wie LOVE was, verdwenen deze initialen van een site! In mijn ogen een schande dat een minister op die manier naar buiten komt. Erger en tekenend is dat er dus met gespleten persoonlijkheden gewerkt wordt die er alles aan doen om in de publiciteit te komen, al is het onder een schuilnaam of pseudoniem.

De allergrootsten der tijden zijn allemaal mensen die niet bang waren. Later in dit boekje zult u ook zien hoe onze politici kruipen achter valse namen en achter andermans pen of achter valse brieven schuilen. De politiek op deze eilanden is werkelijk verziekt en kan nauwelijks politiek genoemd worden. In een stukje 'NU' bleek gewoon dat de huidige politici niets doen. Ze hebben het te druk met hun eigen hachje te redden en dat veilig te stellen, mochten de Antillen uit elkaar vallen. Ook hier zult u nog uitvoerig over gaan lezen. De lokale politiek berust grotendeels op niets meer dan het vergaren van eigen behoeften en als u kijkt naar de beslissingen vraag je, je af wat er voor de bevolking werkelijk gedaan wordt. Ook daar komen we nog uitvoerig op terug.

16

Ik heb het al even aangehaald in mijn vorige alinea maar er is een nieuwe trend aan het opkomen. Politici komen steeds meer op de web te staan. Zeker de sites 'Hyves' en 'Facebook' lijken leuke speeltjes voor deze mensen te zijn. Nu weet ik dat op 'Hyves' vele Nederlandse politici staan waar hun pagina onderhouden wordt door studenten. Wat eventueel belangrijk zou mogen zijn, wordt dan doorgestuurd naar de desbetreffende politicus. Maar onze Antilliaanse volksvertegenwoordigers moeten natuurlijk ook mee doen aan deze mode gril. Met wel het verschil dat we bijvoorbeeld politici hebben die de godganselijke dag persoonlijke berichten voor het volk op hun pagina's aan het zetten zijn! Allemaal zgn. 'wijze' uitspraken maar helaas worden ze door de politiek zelf niet gehanteerd en ook niet begrepen!

Reageren is uit den boze, zeker als het te veel negatief zou kunnen overkomen naar hun ego toe. Als minister duld je geen tegenspraak zeker bij de ex leerkrachten onder onze bestuurders! U kunt zich niet voorstellen dat een minister wel vele malen per dag een boodschap zit te typen op een 'Facebook'! Het mooie is dat, als je een reactie plaatst die hen niet aanstaat worden ze boos en dan ben je geen 'vriendje' meer en word je eruit gekukeld. Leraren stijl; jij de klas uit en zo elke confrontatie uit de weg gaan!

Facebook en Hyves, wat gewoon een speeltje is van de tieners van tegenwoordig, een plaats die druipt van verveling, onwaarheden en rommel. Onze ministers en politieke pionnen, die betaald worden van onze zuur betaalde belastingcenten zitten ondertussen in de tijd van de bevolking op internet te spelen! Nou, dat geeft voor mij aan met welk peil onze eilanden bestuurd worden.

Voor de goede orde. Ja, ik sta ook op beide websites net zoals de ruim 7,190 sites (Google) waar ik voorkom als kunstenaar/ schrijver/beeldhouwer/filosoof.

Naast dat alles heb ik de laatste maanden mogen meemaken dat politici zich onder valse e-mail adressen als een mr. Dee en als Dr. Brabu voordoen. Mails waar bedreigingen maar ook vertrouwelijke informatie in staat, die alleen tussen de politieke muren rondhangen. Na het analyseren van deze brieven door enkele onafhankelijke experts plus het natrekken bij de e-mail provider G-mail, bleken deze mails uit de politieke hoek te komen! Zeer laag is de politiek hier op het eiland gedaald en het is ongelofelijk dat de politiek zelfs zich gaat begeven in het verzenden van e-mails onder valse e-mail adressen en namen. Later zal ik u deze mails laten lezen. Bent u nu in ieder geval op voorbereid, mocht u eens een mail krijgen van een doctor of een heer die u niet kent maar kennelijk hij u wel.

In de zeer veel jaren van internet heb ik wel een ding geleerd. Zodra een e-mailadres niet bekend is of als iemand zich onder een vals adres of valse naam aanmeldt: Druk de knop 'delete'. Doe aangifte bij de provider en laat voor wat het is. U moet dit zien als een onkunde of als een tekortkoming. Maar ja, je verwacht niet, dat ook onder de politiek deze ziekte al is doorgedrongen. Nee, geef mij dan maar de buitenlandse politici die openlijk met hun naam naar buiten komen en onder een persoonlijk e-mailadres; Recht door zee en zonder achterdeurtjes of kinderlijke wegen je te woord staan.

We zijn dus al geruime tijd een stuurloos schip en dat is terug te voeren tot aan de tijd van de heer Pourier. De tijd waarin deze man werkelijk gevochten heeft voor ons land en alsmaar klappen moest ontvangen. Na heel vele jaren kreeg hij eindelijk een excuus van de Nederlandse politiek. In mijn ogen te laat en ondertussen hadden ze wel jarenlang de draak met hem gestoken.

Het is werkelijk om te huilen dat de regeerders, na heer Pourier, weinig of niets doen voor de burgerbevolking. Ze hebben het veel te druk met naar de pijpen te dansen van hogere pieten die hun casino's, drugslijnen, mensenhandel, kinderporno en wapenhandel veilig moeten stellen. Ook hier zie en hoor je de meest vreemde uitspraken en beslissingen van regeerders.

Maar zelfs uit de hoek van de rechterlijke macht zijn vreemde zaken gaande. Rechters die met het huidige rechtssysteem niets kunnen doen en alles moeten toezien en door laten gaan. Toch merk je dat ook de huidige rechters het ook niet zo serieus nemen en dat zal ik later in dit boekje aanhalen. De kracht van ons rechtssysteem is verdwenen en kan niet tegen deze maffiazaken op. Bewijs kreeg ik in een gesprek met onze procureur generaal, heer Piar, waar ik de vraag stelde: *Wie staat boven de procureur generaal en minister van justitie?* Antwoord was: *'U als burger'*. Dat wil zeggen dat wij burgers het voor het zeggen hebben maar in dit geval zijn het niet wij burgers zoals u en ik. Nee, we praten hier over de burgers in de maffia.

De hele politiek en rechtssysteem op deze eilanden is sterk verpauperd, puur omdat er geen echte leiders zijn geweest na de heer Pourier. Hij was werkelijk de laatste der Mohikanen en met hem is de politiek in zijn totaal in een ravijn gestort.

Ondertussen blijft de politiek doorgaan met politieke benoemingen die nooit teruggedraaid zijn ondanks rechterlijke uitspraken en ondanks tussenkomst van de Gouverneur. Een Gouverneur die ook afhankelijk is van een kabinet. Maar ook daar blijkt dat beslissingen veelal laks en uitgesteld worden.
- Bang als ze zijn dat ze dan zelf moeten gaan ingrijpen.
- Bang dat Nederland iets gaat zeggen en op die manier tussen alles door heen laveert.
- Bang dat deze hele maatschappij ten onder gaat en zo in de maffia steeds verder afzakt. De angstmaatschappij waar wij al lang in zitten en niemand maar ook niemand vanuit de politiek werkelijk iets aan doet. Begrijpelijk, want waarom zou je, je geldboom achter in je airco kamer omkappen zolang het jou goed gaat?

Ik denk dat ik u al aardig wakker geschud heb en zeker zullen er vele mensen zijn met uitschaafbare tenen die tegen het plafond aanhangen. Toch zal eens tijd gaan worden dat wij burgers door gaan krijgen dat we niet langer een speelbal zijn van de politiek. Een politiek die ons eens in de vier jaar nodig heeft voor onze stem en dan vergeten zijn dat wij ook leven op dit eiland. Daarom dat ik van dit laatste boekje ingezonden stukken met de titel 'Help, de Antillen verzuipen', een open boekje wil maken van de politiek die ons burgers als 'dom' verslijten, 'ongenuanceerd' afdoen en 'slecht geïnformeerd' zijnde.

Allemaal omdat juist onze zogenaamde leiders zelf o zoveel tekort schieten en in mijn ogen beter terug kunnen keren naar de schoolbanken om eens te gaan leren mens te zijn. Een mens met een hart en ziel en een mens met gevoel. Een mens dat op gaat komen voor de burger en wat staat voor een ware leider. Dat is waar wij burgers recht op hebben en dat is de reden waarom we zullen moeten uit gaan komen voor ons woord, onze ware liefde voor dit eiland. Niet gekoppeld aan geld en macht en zeker niet gekoppeld aan drugs, medicijnen, mensen- en wapenhandel, kinderporno en casino's. Daar staan wij burgers niet voor, maar wel vele van de huidige regeerders en dat is niet langer meer te tolereren.

Zoals ik al schreef op de achterzijde van dit boek, de politiek staat bol van het woord 'transparant'. Maar hoe transparant is nu werkelijk onze politiek? Het is praktisch onmogelijk om rapporten op te vragen en bijvoorbeeld een heer Davelaar meent dat alle rapporten alleen voor hem zijn geschreven. Ook is het onmogelijk over de olie iets te achterhalen. Alles blijft achter gesloten deuren puur omdat het al via internet duidelijk is wat er werkelijk gaande is. We praten dan nog niet over de financiële zaken waar zo gesjoemeld werd gedurende vele jaren. Zoveel dat de schulden nu in miljarden lopen. Maar ook verder in de maatschappij worden rapporten half geopend of verdwijnen ze. Zo hebben we een heer Wiel die onze ex ombudsman was en alsmaar problemen daar mee had met diverse bestuurders. Deze man mocht wel schoppen maar zeker niet tegen de politici en hun werkwijze. Als de heer Wiel zijn mond opendeed werd hij meteen van alle kanten aangevallen omdat hij kennelijk werkelijk zijn vinger gelegd had op de vele zere plekken van o.a. onze gezaghebber en de vele politieke bestuursleden.

Alsmaar worden rapportages geweigerd of niet serieus genomen. Iets wat ik overigens al vele jaren meemaak. Kortom, de transparantie op dit eiland is net zoals het pekmeer wat ligt te stinken om en nabij het ISLA terrein in Emmastad. Een meer wat overigens ook al wat jaren voor verwerking ligt te wachten maar door politieke inmenging nooit van de grond zal komen. Laten we maar naar een glas melk gaan kijken want die is transparanter dan de huidige politiek die werkelijk vastgeplakt is in het pekmeer van de ISLA.

Zoals ik ook al even aanhaalde, helaas is dit boekje zeker geen positief boekje en zal het zeker aardig wat mensen tegen de schenen schoppen al zijn geen van het geschreven woord, persoonlijk bedoeld. Bij deze uitdaging, die ik had gesteld voor mij zelf, bleek dat ik echt in een grote beerput terechtkwam waar mensen werkelijk geen mensen zijn. De politiek is echt de smerigste tak in onze maatschappij en ik heb werkelijk niet zoveel vuiligheid gehoord, gelezen en gezien als deze paar maanden dat ik actief bezig was in de politiek en zijn corruptie. Het is niet voor te stellen op wat voor manieren landen geregeerd worden en ook de Antillen kun je wel zeggen, is een van de toplanden zoals het dus niet moet. Politici, justitie die grotendeels in de tang zitten van enkele maffia families. Maar ook gewone burgers die gedwongen zijn om rare sprongen te maken en zelfs de ellende in worden geduwd daar ze niets anders kunnen.

Deze eilanden, met aan de ene kant de grote bergen geld en huizen van ettelijke miljoenen en aan de andere kant de lokale bevolking die absoluut geen bestaansrecht meer heeft, uitgebuit en geleefd wordt als slaven. Mensen die niet zijn verzekerd op hun sterfbed liggen, hongerig maar dan nog wel die stem uitbrengen aan

22

die politicus die hem 25 gulden in de hand duwt als er maar 'nee' gestemd wordt! Mensen die er slechter aan toe zijn dan dieren en dan nog handje schuddend op de foto staan met politici die dan weer een aai over hun bol geven en hen verder laat verhongeren. Dit omdat er zgn. geen wetten te veranderen zijn in een korte tijd.

- Je gaat werkelijk kotsen als je de laatste jaren de kranten openslaat waar wel dagelijks weer zo'n politicus staat met wat arme negerkindjes of een lokale familie.
- Je gaat over je nek als je weer de minister-president op een foto ziet achter haar bureau met op dat bureau een placemat van Rolex en dan ons Nieuwjaar wenst vanuit al die weelde.
- Je walgt als je ziet dat al die opgedirkte mensen en politici, wanneer er weer een belangrijke dame of heer op het eiland is en waar elke politici zich staat te verdringen om ook bij die persoon op de foto te mogen. Dat allemaal over de ruggen van een bevolking die het nog allemaal toelaat.

Want wanneer zal die bom barsten? Het is niet de slavernij van een kolonialist maar het slaven drijven van hun eigen ras, hun eigen politici die anderen vele jaren heeft uitgebuit, gekleineerd, gebruikt en vernederd. Dan zal het zwart tegen zwart zijn en dat is wat steeds meer aan het opkomen is en de toekomst ons gaat brengen. Denkend aan een Haïti waar een mensenleven niets meer voorstelt of een Colombia waar je minimaal twee geweren bij je moet hebben wil je overleven. Hoe lang nog? De tijd zal het leren, maar of er nog veel tijd is. Ik betwijfel dat.

Mensen pikken het niet langer dat ze voor de gek worden gehouden. Ook pikken ze het niet langer dat ze systematisch uitgehongerd en vernederd worden. Ook beginnen steeds meer mensen door te hebben dat ze dagelijks bestolen worden door de politiek. Maar niet te praten over het bewust uitmoorden door de rook van de ISLA, waar ook Nederland hard aan meedoet door dit alsmaar toe te laten.

-   Nederland, het land waar wij onder een artikel 43 sub 2 beschermd behoren te zijn als burger maar alsmaar toelaat dat deze niet-bestuurders mogen blijven zitten.
-   Een Nederland wat eindeloos praat maar geen beslissingen neemt, beter gezegd durft te nemen! Waar politici tientallen experts om zich heen hebben om zich te beschermen maar niets over hebben voor die kleine 200.000 Nederlanders wonende op deze eilanden.
-   Nederland, wat zelf aangesproken kan worden op mensenrechten en bescherming van de mens. Iets wat ik overigens gedaan heb bij het Europees Parlement en willig gehoor kreeg.
-   Nederlandse politici die alsmaar gluiperig wegkruipen als de nood werkelijk aan de man komt.
-   Een Nederland dat de mensen op de Antillen ziet als een stelletje lastige wezens die nergens voor dienen en alleen geld kosten. Want één ding, komt niet aan de geldbuidel van Nederland. Alleen als ze met grote koppen in kranten, TV kunnen komen dat er weer miljoenen zijn geschonken voor een arm land, oooo wat is Nederland dan weer een geweldig land.

- Nederland die de drugs, mensenhandel, kinderporno, gokken en wapenhandel allemaal onder die vlag toelaat en Nederland sluit zijn ogen en heeft het te druk met die arme negertjes in een land als Afrika! Liefst ver van hun bed.

Nederland heeft veel op zijn geweten staan en dan kun je nog met honderden experts komen met net zoveel laptopjes, het is en blijft in de geschiedenis staan en deze geschiedenis wordt nog heden ten dagen geschreven. Een Nederland, dat zich bewust terughoudt van zijn eigen mensen en landen aan de overkant van de zee. Nederland die in het verleden Suriname maar ook Indonesië heeft laten vallen. Ook een Nederland dat alleen op uit is naar maar meer macht, luxer en ga zo maar door. Iets wat je dagelijks ziet hier op de eilanden waar Nederlanders menen langs een knoekhutje, met een gezin vol armoede, een huis te moeten zetten van ettelijke miljoenen. Vol design en liefst met gouden klinken! Nederlanders hebben niet veel geleerd en het zou eens goed zijn als de ware Nederlandse mentaliteit de kop wordt ingedrukt. Een mentaliteit van over lijken gaan, slaven, geld huichelen en macht. Alsmaar goed gepraat en alsmaar vermijden want daar is de Nederlandse politiek o zo goed in. Doch, de Nederlandse politiek zal aan het kortste einde trekken in de toekomst, daar steeds meer wereldwijd gezien wordt waar het woord Nederlander werkelijk voor staat en gestaan heeft. De arrogantie, het vernederen en de zgn. liefde voor de mensheid waar ze zelf met uitgepuilde ego's nog dagelijks mee de fout in gaan.

We zien het al een beetje veranderen aan de overkant van de zee. Kijk naar het verschuiven van de loyaliteit van de Nederlanders ten opzichte van de buitenlanders. *'We pikken het niet meer'*, *'Het is genoeg'* en zo gaan er steeds meer stemmen de straat op. De wet ter bescherming tegen racisme, wat werkelijk een modegril is en echt niets inhoudt. Het kan nauwelijks gehanteerd worden, puur omdat wie maakt voor wie uit? Want wie zijn werkelijk de grootste racisten op deze wereld?

Ga als Nederlander maar eens voor de spiegel staan en ga u zelf maar eens vertellen hoe u werkelijk bent. Geen wet kan dat tegenhouden. Het is het racisme, in een huichelachtige wereld. Huichelend wat ik nog bijna dagelijks meemaak hier onder de Nederlanders op dit eiland. Met uitgestreken gezichten, hun gemoed en hartje rein kopend en enkele guldens geven aan iemand die staat te zweten in de kokende zon voor hen. Elke baan moet worden gepingeld en het uiterste uitgehaald worden om zo nog meer goud te kunnen verwerken in hun huizen. De eilanden worden platgewalst en totaal kaalgeschoren omdat projectontwikkelaars het grote geld ruiken. Wolven die een graantje mee willen pikken. Beste mensen, ik walg van de Nederlanders die momenteel massaal binnenkomen op dit eiland. Met een enkeling daar gelaten, komt de grootste groep wel om hier de slaventijd door te zetten en het uitbuiten verder door te voeren. Met uitgestreken gezichten in gladde pakkies staan ze dan hier, de Nederlandse politici, die dan ons weten te vertellen wat er fout is gegaan. Maar met één zin ontwijkend. Het zijn toch de Nederlanders die het verderf op deze eilanden tolereren! Dit allemaal in naam der Koningin en in naam van een rechtssysteem wat gebaseerd is op klasse justitie!

U leest het en ik had het beter kunnen noemen: 'De wereld van de negatieve energie'. Het is niet de bedoeling de negatieve energie te belichten maar ik probeer op deze manier uw ogen te openen. Wij burgers worden alsmaar aan het lijntje gehouden en onderdrukt door een maffia die zo te zien deze eilanden nog steeds stevig in handen heeft. U ziet dat aan de verschillende moorden waar onder die van, van Ierland, die zeker niet alleen slachtoffer is geworden. Want hoeveel mensen verdwijnen er niet werkelijk per week? Maar niet te praten en te schrijven over de overvallen, bedreigingen en ander fysieke en mentale acties vanuit die bewuste hoek.

Schiet me te binnen in de tijd dat ons pleegdochter zwervende was en wij een tip kregen waar ze was. Ik stapte met mijn schoonvader naar dat huis maar als goede burger waren we in Otrabanda eerst naar het politiepost gegaan om medewerking te vragen. Wij als burgers mogen niet zomaar even een gebouw binnenstappen en een dochter uittrekken. Wat kregen we te horen van deze agenten; '*Wij kunnen niet meegaan naar dat gebouw. Het is te gevaarlijk en we weten dat daar veel chollers zijn en drugshandelaren wonen. Nee, wij gaan daar niet naar toe.*' Dat werd ons door twee politiemensen even gezegd, maar… we mochten wel zelf gaan en mijn dochter op gaan halen! Wat we ook gedaan hebben en inderdaad, we hebben veel ellende gezien in dat huis maar mijn dochter was gelukkig weer terecht! Ondanks de bange en slappe houding van een politie die kennelijk bewust deze rommel in stand houdt. Bang dat hogere maffialeden in gaan grijpen en bang dat ze van hogere hand op de vingers worden getikt. Zo wordt de hele drugswereld in stand gehouden en kan ik duidelijk stellen, dankzij de medewerking van justitie en politie.

Bang zijn, daar draait onze maatschappij op, bang zijn van een ander. Ondanks dat ik een geweer op me gericht heb gekregen van een van onze zeer wel bekende projectleiders zal ik niet bang zijn te sterven. Er is een ding waar ik voor blijf opkomen en gaan en dat is dat mensen wezens zijn die met respect behandeld behoren te worden en niet onderdrukt, uitgemoord door een kleine groep criminelen. Criminelen die door ons huidig systeem vrij spel hebben en gesteund worden door politici, justitie, politie. Daar zal ik me tegen blijven verzetten. Elk mens heeft recht op een waardig leven en recht op respect als een mens.

In de komende stukjes, die u nu gaat lezen, zult u zien dat ze meer politiek getint zijn. Wel gezien door een bril van een eenvoudige burger die weigert zich bij welke partij dan ook aan te sluiten of voor wie dan ook zich voor te doen.

Laten we nu over gaan naar de diverse stukjes die ik één voor één doorneem, toelicht en van commentaar voorzie. Transparantie, justitie, behoorlijk bestuur en geloof, ze zijn er niet meer op deze eilanden. Alles is in de ban van een angstmaatschappij en zijn maffia beleid.

Rode smily voor staatssecretaris Bijleveld

Als burger weten we al geruime tijd dat onze politici niet allemaal van een hoog niveau zijn. Als je de politiek volgt dan meen je werkelijk in een peuterzaal terecht te zijn gekomen. Maar dat mevrouw Bijleveld onze regeerders smilies geeft voor gedane zaken, die als normaal beschouwd behoren te zijn, is tekenend hoe de Nederlandse politici over onze politici denken. Mevrouw Bijleveld van mij krijgt u een dikke vette, vuurrode smily, met een zeer kwaad gezicht daarop! Deze uiting van smilies op officiële rapporten is werkelijk onacceptabel en denigrerend naar elk volwassen persoon toe! We zijn geen kleuters die op een beloning wachten in de vorm van een sticker.

Noot

Ik zal bij elk stuk een toelichting geven en dat kunt u lezen onder het bewuste stukje. In die toelichting zult u mijn gedachtegang kunnen lezen maar ook wat de eventuele reacties waren en de verdere gang van dat bericht, mail of stukje. Het is een opsomming en soms interessant te weten hoe het verloop was.

Toelichting

Dit stuk heb ik geplaatst nadat de lokale kranten melding maakten dat er een rapport naar buiten was gekomen, waarop allemaal stickers stonden geplakt hoe goed onze regering zijn werk had gedaan. De smilies waren dan in verschillende kleuren en een groene smily betekende dat de regering goed had gewerkt en op koers lag. Nu kan ik me herinneren dat, dat op school ook was en ik denk ook even dat mevrouw Bijleveld werkelijk meende dat ze met 'leerlingen' te maken had en voor de klas stond. Niet vreemd want als je niet oppast neem je het niveau over van diegene met wie je omgaat en dat is, bij vele van onze regeerders niet hoger dan leerkracht met wat bijscholing. Het lijkt wel een van het hoogste niveau wat onze politici hebben gehaald in hun carrière. De politici die een hogere opleiding hebben gehad blijken veelal, helaas, ook naar dat niveau te zijn afgezakt.

Zo dacht kennelijk mevrouw Bijleveld er ook over en waarmee kun je een kind nu blij maken? Jawel, je geeft ze hen een Smily!!! Maar het is toch belachelijk dat een zgn. gestudeerde, hoog aanziend, intellectuele minister (ahumm) afkomt met een smily! Je kunt hier ook alles tegenkomen. Toch was onze minister president werkelijk in haar hum want ze had vele groene smilies gekregen in een rapport. Dat bewijst werkelijk dat onze regeerders met weinig blij te maken zijn.

Zit ik er toch niet zover naast dat wij geregeerd worden door enkele kinderen die zich naar boven hebben weten te werken door te schoppen en te slaan! Geef ze een smily en ze zijn weer zoet! Belachelijk en vandaar dit stukje.

Ingezonden Februari 2009

Burgerrechten

Is het werkelijk genoeg geweest? Is dat al niet lang zo? Zijn we de politieke spelletjes al lang niet zat? Is het niet erg dat enkele zeer racistische politici bezig zijn haat en nijd te zaaien onder de bevolking? Een bevolking die van nature vredelievend, open en gezellig is.

De politiek is zich werkelijk op glad ijs aan het begeven en erger nog, de huidige partijen hebben het niet meer in de hand. Ze blijven stil, spreken nauwelijks hun afkeur uit en zien lijdzaam toe hoe het eiland Curaçao, maar ook de Antillen, zo langzaam maar zeker in verval raken. 'Het komt allemaal goed', zijn de enige woorden die we horen!

Nu hebben we vele mensen die schreeuwen om hulp, veelal anoniem omdat ze bang zijn voor represailles. Ook begrijpelijk omdat we in een angstmaatschappij leven waar iedereen de kop wordt ingedrukt die maar een duidelijke mening naar buiten brengt. Maar is het niet de huidige regering en zijn justitieel systeem die dat allemaal toelaat?

Burgers hebben nauwelijks rechten, alleen maar plichten. Word je bedreigd dan is er werkelijk geen instantie die je beschermt. Als je een 'klokkenluider' bent dan sta je werkelijk alleen op de wereld, niet beschermd door een wet, een justitie en/of politiek.

Je staat alleen, moederziel alleen. Is het niet het wetboek, ons statuut, die in hun eerste parafen aanhalen dat wij burgers gelijke rechten hebben? Dat wij burgers recht hebben op bescherming? Nu mensen dat zijn allemaal loze woorden die werkelijk hier op de Antillen NIETS inhouden!! We zijn niet beschermd, wij krijgen geen persoonlijke beveiliging als er een geweer op je gericht wordt! Maar ondertussen lopen deze politici zelf wel met de nodige beveiliging rond. Wij zijn vogelvrij! Er is geen beschermende OM, PR, politie of wat voor uniform dan ook. Erger nog, mensen worden te pas en te onpas veroordeeld en zaken worden nauwelijks nog werkelijk objectief onderzocht. En zo kan het huidige maffiapolitiek zich voort nestelen in deze maatschappij en kunnen oproerkraaiende politici, die werkelijk alle woorden verdraaien, ten goede van hen zelf, doorgaan met hun doel. En dat doel is duidelijk; De complete macht hebben over onze eilanden. Eilanden die werkelijk geregeerd worden door corruptie en de maffia. Dat leest u zelf regelmatig in alle kranten; Mysterieuze verdwijningen, liquidaties, verkrachtingen, gijzelingen en vreemde 'ongelukken'.

Angstmaatschappij, bang en niet meer met je naam naar buiten durven te komen, zijn de tekenen dat op deze eilanden heel wat werk te verzetten is. Samen opkomen: Een leefbaar eiland met gelijke rechten voor ALLE burgers.

Wanneer neemt ook u actie?

Toelichting

Burgerrechten is een stuk wat ik geschreven heb omdat wij totaal niet meer rechtszeker zijn. In de kranten mochten we lezen dat 'alles goed gaat komen'. Maar hoe kan het goed komen als je niets meer in de hand hebt? Schieten, moorden en overvallen zijn een normaal straatbeeld geworden en toen ik Curaçao eens vergeleek met Haïti wisten velen niet hoe ze van die stoel moesten springen. We zijn niet meer beschermd door de politie noch justitie en we staan en wonen werkelijk op eilanden die een 'free for all' zijn. Er is wel een verklaring en die is dat we duidelijk geregeerd worden door de maffia. Zij laten er geen gras over groeien om ook de rechterlijke macht in de tang te nemen.

Het bewijs kreeg ik in een zaak van 2 veroordeelden in Bonaire waar de twee jongens onschuldig blijken te zijn. De justitie heeft verklaringen vervalst en zelfs bewijzen proberen te vernietigen. Zo zijn 2 onschuldigen veroordeeld voor elk 8 en 26 jaren hechtenis, daar de rechterlijke macht werkelijk dwalend is. In een gesprek met de heer Piar bevestigde hij dat er veel vreemds is gebeurd en hij heeft gelast om opnieuw naar de bewijzen te kijken. Het is toch godsgeklaagd dat rechters en juristen in naam van God en een blindkijkende 'vrouwe justitia', zo de zaak verdraaien dat onschuldigen vastzitten voor een moord die ze niet begaan hebben. Nu, na jaren aandringen wordt deze zaak weer opengesteld en zal het recht hopelijk zijn weg vinden. Maar, wat gaat er gebeuren met die mensen die deze jongens opzettelijk hun vrijheid hebben ontnomen en officiële papieren vervalsten en lieten verdwijnen? Waar is het werkelijke recht? Ik ben hevig geschrokken toen ik dit rapport onder ogen kreeg.

Je hebt duidelijk geen rechten op deze eilanden en als je in een verdomhoekje zit en ze moeten je niet, dan sluiten ze je levenslang op. Dat blijkt ook als je, je mond open doet en je wilt wat aan de kaak stellen. Al snel worden zaken afgedaan als '**onzin**', '**uit de lucht gegrepen**' of '**hij is niet goed bij zijn hoofd**'. Als je dat hoort weet je dat je de spijker op de kop hebt geslagen en dat zal later bij andere stukken nog veel duidelijker naar boven komen.

Het is in dit systeem heel duidelijk dat alle lastposten systematisch worden opgesloten of in een gesticht of gevangenis worden gezet, want dat zijn mensen die het hen lastig kunnen maken. Iets wat ook duidelijk hier op de eilanden speelt en waar mensen gewoon Godje spelen op vervalste aangiftes, feiten en bewijzen. Hoe het kan? Duidelijk, als je maar de juiste kanalen in je bezit hebt en als je maar in het goede blaadje valt bij de hoge heren van de maffia. Het is daarom zaak dat het gehele rechtssysteem gezuiverd gaat worden, niet alleen de wetboeken maar ook de mensen die de veroordelingen en zaken behandelen. Recht is te lang krom geweest op deze eilanden en vrouwe justitia was lange tijd haar blinddoek kwijt! En daar is de zaak van deze jongens een duidelijk voorbeeld van.

Gelukkig voor deze jongens krijgt deze zaak nu een goede wending.

Ondertussen werd het frequenter dat er valse mails binnen kwamen waar onder van een zekere Dr. B.Brabu.

From: "Dr. B. Brabu"
Subject: Het moet niet nog gekker worden!
Date sent: Wed, 28 Jan 2009 22:33:59 -0400

Het moet niet nog gekker worden!

Dat dacht ik toen ik vanochtend hoorde dat de oppositie een motie ingediend heeft in de vergadering van de ER om Nederlanders die kort op het eiland wonen, of hier maar een deel van het jaar verblijven, uit te sluiten van deelname aan het referendum. Uiteraard hebben ze dat wat anders "verpakt", maar dat ook de DP en FK mee gingen is tekenend voor de politieke verloedering op het eiland.

Dat is al een tijdje bezig.
Eerst de wanvertoningen met de Alliantie (abjecte advertentieteksten en de uit de hand gelopen demonstraties), de "sterrenslag" op het Brionplein, de demonstraties tijdens de RTC en de druk op Konket om als voorzitter van de referendumcommissie af te treden.
Het politieke klimaat wordt steeds verder vergiftigd.
Het weldenkende deel van de natie hult zich in stilzwijgen.
Dat is nog het ergste.
Een vitale democratie heeft debat nodig, geen geschreeuw van dolgedraaide querulanten.

Waar blijft dat debat, waar blijven opinievormers?
Is het niet tijd dat de politici die het beste met het eiland voorhebben, eens de volgende uitdaging voorleggen:

35

We krijgen een unieke kans om als autonoom (ei)land onze zaken zelfstandig te regelen. Om zelf vorm te geven aan een nieuwe toekomst, om de weg daar naar toe zelf uit te stippelen.

Daarvoor hebben we mensen nodig, jonge enthousiaste mensen, met durf en visie, die ons daarbij helpen.

Die niet aan de kant blijven staan.

We moeten afscheid nemen van de oude politieke kaste die alleen maar uit is op oproer, op het kweken van angstgevoelens en mensen tegen elkaar op wil zetten. We hebben mensen nodig die weten te verbinden.

Dat is de verandering die we nodig hebben. Weg met de oude politiek, de generaals zonder leger, de schreeuwers en kwaadwilligen. Het is tijd voor verandering!!

Toelichting

Later bleek wie deze politieke persoon was, maar ook dat zal u later wel duidelijk worden bij het lezen van dit boekje.

Ja – ja, nee – nee

Wees maar niet bang, ik ga u niet een complete uitleg geven van de voor- en nadelen bij een 'ja of nee'. Ik vraag u alleen om dit simpele stukje even tot u door te laten dringen.

De oppositie loopt alsmaar te schreeuwen dat we voor 'nee' moeten kiezen. Maar is het niet zo, dat als we 'nee' kiezen, we eiland Curaçao blijven en zo ook blijven vallen onder de oude voorwaarden van een verouderd statuut van 28 oktober 1954 met een artikel 43 wat ons vertelt dat er in ingegrepen kan worden bij onbehoorlijk bestuur? Bewijzen daarover zijn er ten overvloede, dat weten we allemaal en zo ook Nederland.

We schreeuwen over vrijheid, onafhankelijkheid en zelfs over een eigen land, maar hoe kan dat verworven worden als we niet doorgaan met de herstructurering en zo afkomen van dat statuut en de miljarden schulden?

Bij 'nee' blijven we stilstaan en blijft het statuut van 1954 gelden. Erger nog, we gaan dan pas onder directe bemoeienissen vallen van Nederland. Dat wordt overigens nu al overwogen, mochten we af gaan haken.

Jammer dat de oppositie daar geen ruchtbaarheid aan geeft en in alle talen daarover zwijgt.

Toelichting

De politiek heeft werkelijk lak aan ons burgers, net één dag op de vier jaren weten de politici dat ze ons nodig hebben. Bij de ene partij wordt je stem gekocht en bij de andere wordt die afgedwongen en bij de vrije vogels onder de burgers weten ze niet wat ze moeten doen. Door een weggetje hier of lichtpaaltje daar te plaatsen proberen ze iedereen te paaien. Dit om op die manier stemmen te winnen. In de verkiezingen zie je deze dames en heren dagelijks in de krant, wat ze niet allemaal gedaan hebben maar helaas, wij burgers kunnen maar niet vinden wat er nu werkelijk gedaan is voor ons. Alles was zo olietransparant afgewerkt dat je werkelijk geen moer voor ogen ziet. Ook de aanloop naar het referendum, waar een oppositie met de grootste leugens naar buiten kwam en voor nergens bleek terug te deinzen. Maar bij de coalitie is het niet beter, die pakken het meer op een slinkse manier aan, waar mensen op geraffineerde methoden ingepalmd worden of zelfs lamgelegd worden. De huidige bestuurders hebben deze jaren, alsmaar met de deuren dicht, vele handtekeningen gezet. Ze hebben vele besprekingen gehouden waar wij burgers angstvallig buiten gehouden worden en niets van zouden snappen. We hebben tot op heden niets mogen horen over wat er werkelijk gaande is. Vele dingen waren achter gesloten deuren besloten of waren al getekend voordat ze naar buiten kwamen.

Dat is nog erger geworden toen het over de ISLA ging en over de olie die we bezitten. Alles werd stil gezwegen en ik werd zelfs voor een achterlijke uitgemaakt. De bevestiging van olie kreeg ik, toen ik met een politicus van Nederland praatte waar ik ook de olie aanhaalde en hij vertelde me letterlijk *'Daarom kunnen jullie gemakkelijk op jullie eigen benen staan'*.

Verder zweeg hij want hij schrok dat hij al te veel had gezegd. Het gaat verder, want de olie heeft alles momenteel in de ban, ook politiek Den Haag weet dat hier geld te verdienen valt. Natuurlijk, elk vleugje gas en olie is toch welkom, niet waar? Nederland wil en durft niet in te grijpen omdat we dan op een slechte voet komen te staan onderling. Het gaat verder, Nederland wil o zo graag die vinger in die pap hebben en op een vriendelijke manier het laatste geld uit deze eilanden trekken. De gift van 5 miljard is een schijntje met wat ze menen te gaan verdienen en onze raffinaderij kan altijd nog wel even goed van pas komen. Kijk op internet en u ziet vele bewijzen. Ondertussen is Venezuela al gestart met de eerste boringen tegen Aruba aan en hebben zij zo dadelijk de eerste grote klap al binnengehaald terwijl politiek Den Haag en politiek Antillen stickertjes naar elkaar versturen om vriendjes te blijven. De oppositie weet ook meer, maar mag en kan niet verder naar buiten komen en krijgt ook niet de informatie waar eigenlijk een transparant beleid voor zou moeten staan.

Het gaat nog verder want het spelletje wat oppositie Nederland speelt zet bij de regering Balkenende totaal geen zoden aan de dijk. Ook daar wordt angstvallig alles verzwegen puur omdat men weet dat er bewust mensen vermoord worden in de rook van de ISLA, maar ook dat er astronomische bedragen spelen die er verdiend kunnen worden. We laten daarom de maffia maar zijn gang gaan en wordt door dat alles afgeleid van de werkelijke vraag wat Nederland nu werkelijk wil met de Antillen. Het spelletje is zo helder, zeker toen ik daarop verder inging. Dat zult u gaan lezen in de komende stukken.

Op een gegeven moment werd ik gebeld door een van de politieke pionnen van onze grootste politieke partij op dit eiland. Een persoon die ik al aardig wat jaartjes kende maar de laatste jaren niet zoveel contact meer mee had. Deze persoon had een vraag aan me;

'John, wil je met mij je opinie geven over zaken die momenteel in de politiek spelen. Zaken hoe het volk over diverse dingen denken. Zaken hoe jij daar tegen aan kijkt. Het is belangrijk dat we weten wat er gaande is onder de bevolking'.

Ik stond even verbaasd maar ik ben altijd willend om mee te werken als het, het land /eiland ten goede kan komen. Ik zei mijn medewerking toe en vroeg wat er ging gebeuren. *'Je zal mails ontvangen met zaken die er in de wandelgangen afspelen maar ook ga ik je vragen wat jij en de mensen om je heen van bepaalde zaken denken'.*

Nu heb ik al veel informatie vanuit de lekke wandelgangen van het fort maar alles is welkom, dacht ik. Ondertussen hoorde ik van een persoon dat we weer elektronisch zouden gaan stemmen met het referendum. De machines waren niet meer te manipuleren! *Vreemd,* vertelde ik, *want jullie waren nog bij de vorige verkiezing grote tegenstanders van deze machines. 'Komt het manipuleren jullie nu goed uit'* vroeg ik. Ik kreeg te horen dat ze van het netwerk waren afgekoppeld (vreemd, hoe krijgen ze dan de informatie centraal binnen) en dat er enkele aanpassingen waren gedaan. Jip, gekke Henkie geloofde het en zweeg maar verder. Even wat 'Google-len' leverde wat verbijsterde informatie op over deze machine. Maar helaas hebben onze politici daar geen oren naar. Dit was het antwoord van deze persoon. Hierbij volgde de mail met verklaring;

Mail
Subject: Twee punten
Date sent: Fri, 6 Feb 2009 20:28:52 -0400

Stemmen gebeurd met de stemmachines. Potlood en papier is verleden tijd. De machines zijn sneller, worden beter gecontroleerd en zijn beter bestendig tegen foutieve manieren van stemmen. Op papier is het bijvoorbeeld mogelijk om twee vakjes in te kleuren (per ongeluk) waarbij je stem ongeldig wordt verklaard. Met de machines kan je maar een keer stemmen. De machines worden goed gecontroleerd door allerlei instanties op hun betrouwbaarheid alvorens ze in gebruik worden genomen. SOAB heeft registeraccountants en beëdigde auditors in dienst die deze machines controleren en verzegelen zodat er geen rotzooi mee uitgehaald kan worden.

Commentaar mijnerzijds;

Het gaat niet om het klungelen met de machine maar wel via andere elektronische manieren, onder andere via een portable telefoon en andere machines die gekoppeld zijn aan het systeem waar de uitslag mee gemanipuleerd kan worden.

Vervolg mail:

Nu komt het: Charles Cooper vindt dat wij moeten gaan stemmen met potlood en papier omdat het referendum een te belangrijk evenement is om met machines te gaan stemmen. Tegenstrijdig is dat hij vindt dat bij gewone verkiezingen wel met machines gestemd mag worden (heeft hij zelf gezegd van de week) maar tijdens de referendum moet met potlood en papier worden gestemd.

41

Als ik moet aannemen uit zijn woorden dat hij de machines niet ver-
trouwd, waarom kunnen de machines wel gebruikt worden tijdens
verkiezingen en niet tijdens de referendum? Dus corruptie tijdens
verkiezingen mag maar tijdens de referendum niet? Er zit een kronkel
in die gedachtegang. Als je immers de machines wantrouwt, zou je
ze altijd moeten wantrouwen en niet alleen bij een referendum. Dit
is puur een techniek om vertraging te veroorzaken in het proces en
verwarring te scheppen in het volk zodat er meer mensen voor de
verkeerde redenen nee zouden gaan stemmen.

Tot zo ver de uitleg van de machines.

Nu moet u weten dat juist deze persoon met de vorige verkiezing verschillende fouten heeft gezien en, zoals deze persoon vertelde, melding heeft gedaan bij de gezaghebber dat ze gemanipuleerd waren. Deze persoon beweerde telefonisch zelf tegen mij toentertijd dat er een machine was waar alleen de naam Godeth was te zien. Enkele andere zouden niet opstarten of vreemde fratsen vertonen! Later was er een persbericht van onze gezaghebber dat alles zo goed verlopen was en dat de machines uitstekend werk hadden verricht! Och ja, berichtgeving en mensen dom houden, denken we dan maar.

De mail vervolgde en kwam een gehele verklaring naar boven waarom 'ja' gestemd moest worden en waarom geen 'nee'.

Een ander punt dat trouwens ontzettend belangrijk is:
Veel mensen, vooral oppositiegezinde mensen en anderen, denken
dat de komende referendum een verkiezing is. Mensen die ontevre-

den zijn met bepaalde zaken die nu gebeuren in de overheid denken om nee te gaan stemmen om zodoende de huidige regering naar huis te sturen. Dit is een zeer gevaarlijke gedachtegang.

Politieke partijen worden om de 4 jaar gekozen om voor 4 jaar lang het eiland te regeren. Elke vier jaar komt er een nieuw regeerakkoord met doelstellingen en andere mensen met portefeuilles die de zaken op hun manier weer gaan aanpakken of uitvoeren. Tijdens de verkiezingen krijgt het volk de kans om te stemmen op diegenen die ze vertrouwen en ook krijgen ze de kans om af te rekenen met diegenen waarvan ze vinden dat ze geen werk hebben geleverd in tijdens hun regeerperiode.

De komende referendum is niet iets periodieks, de komende referendum is voor de toekomst van het land, voor alle inwoners, onze kinderen en hun kinderen. De gang naar een nieuw land met de bijkomende zaken die geregeld zijn is eenmalig. Ik zal je hierbij enkele punten geven m.b.t. het proces van staatkundige proces. Ik denk dat het belangrijk is dat wij ook praten hierover omdat er te veel dingen zijn om op te noemen. Maar ik tracht toch hierbij enkele zaken te noemen:

Schuldsanering. Curaçao is bijna failliet. Doordat er geen degelijke controle was op overheidsuitgaven is de afgelopen decennia flink meer uitgegeven dat ontvangen. Corrupte politici en hun stemmers hebben zakken gevuld en posities gevuld op kosten van ons als belastingbetalers. Nederland heeft in 2005 Curaçao toegezegd dat ze bijna alle schulden overnemen om ons een gezonde startpositie te geven. Je kunt immers geen land opstarten die op het randje staat van faillissement.

Natuurlijk is daar ook een andere kant van de medaille, om noo- it meer in zo een diepe put te komen, hebben wij samen met Ne-derland controlemechanismen ingebouwd voor het nieuwe land dat ervoor zal zorgen dat corruptie en wanpraktijken niet meer kunnen worden toegepast. 'Good Corporate Governance', CFT, en verande-ring van organisatorische structuren zullen ervoor gaan zorgen. Al deze controlemechanismen zijn door ons (Lees de PAR) bedacht en opgesteld en ook opgericht, NIET Nederland zoals wordt beweerd. Sinds 2005 is het politiek klimaat in Nederland erg veran- derd. Wilders, Verdonk, Brinkman en zelfs anderen hebben Nicolai openlijk voor gek verklaard dat Nederland Curaçao zo heeft geholpen mat haar schulden. Daarbij komt nog de wereldwijde financiële crisis. Alleen al deze twee zaken zullen ervoor zorgen dat indien wij Nee stemmen en denken terug te starten met onderhandelingen vanaf het begin, nul op het rekest zullen krijgen m.b.t. schuldsanering. Nederland zal niet meer opkomen voor onze schulden. Dat is een harde feit dat zelfs door alle politici op Curaçao en in Nederland toegegeven is. Zonder schuldsanering moet je denken aan deval- uatie van onze valuta binnen één jaar, grote werkeloosheid, onrust en Haiti-achtige taferelen.

Met de schuldsanering worden de leningen terugbetaald en zijn de ziektekosten, WAO, uitkeringen en alle andere voorzieningen verzekerd. Beter nog, door de ruimte die ontstaat zal WAO en zelfs andere voorzieningen verhoogd kunnen worden zodat het volk dat direct in haar zak voelt. Onderwijs zal veel beter worden, Veiligheid wordt door de combinatie van mankrachten en expertise sterk ver- beterd worden, de zorgsector die nu diep in de schulden zit zal weer optimaal kunnen functioneren en ziektekostenverzekeringen zullen ook voor allen eindelijk beschikbaar zijn. Politieke benoe-mingen zullen niet meer mogelijk zijn, trouwens dit is al binnenkort niet meer mogelijk omdat onze wetten hiertegen klaar zijn voor goedkeuring in de Eilandsraad. Zo kan ik wel urenlang doorgaan met schuldsanering gerelateerde onderwerpen die een aanzienlijke verbetering zullen zijn.

Binnen het Koninkrijk en met betrekking tot het nieuwe staatkundig proces heeft alleen Curaçao gekozen om een referendum te houden. Indien het volk inderdaad nee stemt, zal opnieuw begonnen moeten worden met het traject dat vanaf 2005 loopt. De andere eilanden hebben al openlijk gezegd dat zij niet zullen stoppen met het traject omdat dit een "once in a lifetime deal" is. Het gevolg is dan ook dat Curaçao opnieuw het traject moet opstarten waarbij de rest van de eilanden juist aan de andere kant van de tafel zullen zitten samen met Nederland omdat zij wel eens zijn met dit traject. Het zal voor Curaçao een onderhandelingsproces worden waarbij St.Maarten, BES-Eilanden, Aruba en Nederland niet zullen meehelpen en juist tegen ons zullen keren. Onze positie om te onderhandelen zal ontzettend zwak zijn: 6 tegen 1

Sinds 2005 is gestart met een pakket van zaken die uitgewerkt moesten worden. Dit pakket is een product dat zal leiden naar het nieuw land. Indien er een of twee punten zijn in het pakket waarmee iemand niet mee eens is, kan je niet nee stemmen. Dan moeten die punten aangepakt worden. Bij het nee stemmen wordt het pakket ongeldig verklaart voor Curaçao en blijven wij als enigste in het land Nederlandse Antillen zitten.

Indien het volk nee kiest zal de PAR in ieder geval opstappen. Dat is geen dreigement, maar daar zit een simpele redenering achter. Sinds 2005 heeft de PAR gevochten voor goede controlemechanismen, nieuwe wetten voor het volk die overigens niet altijd bij de coalitiepartijen even happig waren geaccepteerd, en alles wat te maken heeft met het nieuwe staatkundige structuur. Het kan ook niet zo zijn dat nu het volk nee stemt en dus eigenlijk zegt dat wij het niet goed hebben gedaan, wij blijven zitten en dan opnieuw van begin af aan weer gaan onderhandelen. En deze keer tegen 6 andere landen. Hoe geloofwaardig kom je over als je terug gaat en onderhandelingen op gaat starten en zegt: al deze documenten die ik heb getekend sinds 2005 zijn niet meer geldig. Ik wil nieuwe maken. En dat terwijl de andere landen binnen het Koninkrijk wel doorgaan met dezelfde documenten. Dat is echt niet te doen.

Als laatste voor nu, wil ik weer terugkomen op het feit dat bepaalde groepen denken dat de referendum het moment is om de PAR weg te stemmen of een andere coalitiegenoot. De referendum is iets vasts. Het is voor het schapen van een nieuw land dat voor altijd zal blijven bestaan. Het staat los van politiek. Dit is van en voor het volk en hun toekomst. Enkele maanden later zullen er verkiezingen zijn. Dan moet je de politiek afstraffen op hun fouten en tekortkomingen. Ik hoor de hele dag op de radio dat de PAR het niet goed doet en daarom massaal nee moet worden gestemd. Deze mensen realiseren zich niet dat indien er een nee komt, wij als volk opgescheept zitten met een regering waarin Schotte zal deelnemen, Wiels, Cooper en alle andere boeven die het land niet vooruit helpen, maar juist achteruit. Rassenhaat zal erger worden, de kloof tussen armoede en rijkdom wordt nog groter, onderwijs zal verder blijven afzakken, onze valuta is niets meer waard, ziektekosten die

46

niet meer te betalen worden, pensioenen die niets meer waard zijn
door devaluatie en oplopende schulden etc.

De heren Ben Gardner en Jeremias Prassl hebben het niet beter kunnen zeggen. Deze twee studenten van Harvard zijn op het eiland gekomen voor enkele weken en hebben een onderzoek verricht naar het gehele staatkundige proces. Hun uiteindelijke mening was dat Curaçao het ongelofelijk goed heeft gedaan. Van de 10 dingen hebben wij 8 gekregen. Zij praten ook over een 'Once in a lifetime deal' dat nooit meer terug zal komen indien het afgewezen wordt. Deze jongens zijn helemaal onafhankelijk en hebben niets met het koninkrijk te maken en hun rapport spreekt duidelijke taal. Indien je dat rapport wilt lezen kan ik je het e-mailen. De oppositie heeft ook met geen woord gerept over dit rapport, want daarin worden alle twijfels van tafel gesmeten die op dit moment door de oppositiepartijen worden gebruikt.

Het is teveel om door te gaan. Misschien moeten wij eens samen komen om te praten zodat je zelfs veel meer achtergrond informatie kan krijgen om door te gaan. Ik kan beter je vragen beantwoorden en je meer voedsel geven tot nadenken en om te schrijven want de stapels documentatie en achtergrondinformatie die ik heb is teveel om in een email op te schrijven. Je kunt goed schrijven. Je bent kritisch. Je haat corruptie. Je hebt alle ingrediënten in je om te helpen dit eiland nog bewoonbaarder te maken. Je hebt wel gelijk. Het is vechten geblazen en het zal niet gemakkelijk gaan. De oppositie is met man en macht bezig omdat ze niet al hun macht willen kwijtraken qua politieke benoemingen en andere rotzooi. Maar ik heb gekozen om veel minder te gaan verdienen, minder vrije tijd te hebben en veel meer rotzooi om mij heen te krijgen door de PAR te gaan helpen om uiteindelijk een fijn eiland te verkrijgen omdat ik van het eiland hou en van alle mensen hou die erop leven. En ik wil graag dat wij met z'n allen in vrede, gezondheid en voortvarendheid op dit paradijselijk eilandje oud worden waarbij alle voorzieningen goed zijn geregeld voor iedereen.

Toelichting

Mooie woorden, dus ik gaf het een kans. Uiteindelijk is het dat we toch voor ons landje zouden vechten en het inderdaad een beter leefbaar milieu van kunnen maken. Wel zou de bittere waarheid anders uitvallen en dat zult u in de loop van dit boekje zelf kunnen lezen. U weet wel, de twee kanten van een politicus.

Er kwam een mail binnen met wat vragen hoe ik het allemaal zag. De aanloop naar het nieuwe referendum, Land enz. Ik maakte duidelijk dat er veel mis is en veel werk gedaan zal moeten worden. Maar ook dat ik vreemd vond dat ze nu de kriebels kregen, nu de oppositie zo sterk bezig was. Maar waar een wil is een weg en die weg dacht ik althans gevonden te hebben. Helaas was die weg niet zo fortuinlijk voor de huidige politici en konden ze zeer zeker geen begrip voor krijgen. Dat bleek al bij een probleem waar ik als MKK op gestoten was.

Het probleem waar Nederlandse militairen belasting moesten betalen als ze van het eiland wilden vertrekken. Uit de documenten bleek dat er verkeerde crib nummers op de papieren stonden en dat o.a. deze man ongeveer 5000 gulden moest dokken eer hij zijn stempels kreeg en weg kon. Het was een zogenaamde AVBZ heffing die elke burger moet betalen. Helaas voor ons belastingstelsel zijn de Nederlandse gelegen militairen, geen burgers van de Antillen. Het probleem was ook aangekaart bij onze minister van gezondheid. Die het zag als dat de AVBZ bijdrage voor iedereen was, maar als goedmakertje het uit zou laten zoeken.

Ondertussen werd er wat gedreigd door een andere persoon en kregen wij een voorlichtingsavond aangeboden via deze mail.

Mail
Subject: Informatie/Discussie sessie met Omayra Leeflang
Date sent: Sat, 7 Feb 2009 11:10:49 -0400

Hieronder volgt een stuk die Omayra mij net heeft toegestuurd via email. Ik heb alleen de relevante tekst eruit gehaald omdat het onderdeel is van een hele lange email die afkomstig is van bezorgde mensen die in hetzelfde schuitje zitten.

Beste allen,

De wet die de oplossing moet bieden ligt nu bij de Raad van Advies. Dus ik heb gewerkt aan de oplossing. Niet alleen een oplossing voor deze groep, maar jaren lang hebben ook onze mensen van 60 plus die svb verzekerd waren zonder verzekering omdat ze uit de svb verzekering werden gezet. Nu heb ik een oplossing gemaakt die gebruikt kan worden voor alle gepensioneerden die buiten de boot vallen.

De Raad van Advies neemt ongeveer 3 maanden en dan moet het naar het Parlement.

Maar voor de goede orde even wat feiten op een rij.
Nederland heeft dit probleem veroorzaakt met de nieuwe wet zorgverzekering waardoor mensen die verzekerd zijn, uit hun verzekering worden gezet als ze naar de Antillen verhuizen.
Vervolgens komt Nederland met een oplossing die veel kritiek heeft gekregen van Nederlanders die om een of andere reden een eigen verzekering hebben, omwille van het verplicht karakter.
Men zegt dat het rijke gepensioneerde Nederlanders zijn. Maar dat is niet helemaal waar. Ook mensen met een matig inkomen die echter via een particuliere werkgever verzekerd zijn vonden het bezwaarlijk om mee te betalen aan een ziekteverzekering waar zij geen deel van wilden zijn.

Het Antilliaans Parlement heeft vele klachten daarover ontvangen en heeft een motie aangenomen waarin het verplicht karakter van de Nederlandse regeling werd afgewezen. De Nederlandse minister wilde niet ingaan op het voorstel om de verzekering facultatief te maken. Omdat er daardoor geen consensus was is de Antillenregeling ingetrokken. Op hetzelfde moment dat de discussie uitbrak over dit voorstel heb ik gewerkt aan een eigen alternatief dat aansluit op de wet ziekteverzekering gepensioneerden bij svb. Zoals ik hiervoor al vertelde is de wet nu bij de Raad van Advies.

Kind regards
Omayra V.E. Leeflang
Minister of education and culture

Toelichting

Wat een geweldige mail en ben ook werkelijk benieuwd wat er nog meer voor nieuws op zal duiken die avond. Mooie woorden, vele beloften en wij burgers maar alles geloven en menen dat er goed voor ons gezorgd wordt. U zult later in dit boek de afloop wel lezen want ondertussen kwam een volgende mail binnen.

De samenwerking ging dus door en ik werd zelfs betrokken in een campagne! Zonder dat ik dat werkelijk wilde. Maar goed, als objectieve mensen ook naar deze meningen willen luisteren, buiten de politiek om, wil ik best een steentje bijdragen voor een beter land voor ALLE burgers. En zo was het begin gemaakt.

Mail
Subject:
Date sent: Sun, 8 Feb 2009 16:55:37 +0000

Hai John,

Morgen beginnen wij met paginagrote advertenties met de meest gestelde vragen over het referendum. Ik zou graag je input willen hebben voor het volgende: Heb jij vragen die wij ook kunnen meenemen op het niveau dat het volk begrijpt? Ik zat te denken over vragen zoals: hou zit het mat aow na schuldsanering etc. Vragen die direct slaan op de mensen hun situatie.
Misschien heb je wat ideeën? Thanks,

Ik gaf op deze mail het volgende antwoord:

Zou een waslijst aan vragen op kunnen stellen maar ik zal er vast wat aan je geven.

1   *Wat zijn de voordelen van de sanering voor ons burgers?*

2   *Hoe is ons rechtssysteem na sanering geregeld?*

3   *Wat gaat er werkelijk voor ons bevolking na de sanering veranderen (waar merken we het meeste aan van de vernieuwde structuur die gaat komen)?*

4   *Gaan we een andere munteenheid krijgen? En daaraan nog hogere kosten in de huishoudens.*

5   *Hoe zal onze veiligheid gegarandeerd worden?*

6   *Is er een andere opzet van politie, justitie, OM, PG, rechtssysteem? Geen klasse justitie meer maar ook*

een   *justitie voor de burger.*

7   *Hoe gaat na de sanering de zelfverrijking en corruptie aangepakt worden?*

8   *Wat gaan wij als eiland merken i.v.m. de huidige belabberde infrastructuur?*

9   *Gaan de organisatie van oa; DOW - Kadaster - Domein - DROV ook grondig aangepakt worden?*

10   *Wat gaat er gebeuren met de ziekte verzekering van ons burgers. Blijven we uit de SVB gegooid worden bij 60 jaren. Blijven we premie betalen bij FZOG en zijn NIET verzekerd. Wanneer komt er een nationale verzekering voor ALLE mensen op dit eiland?*

11   Wat gaat er veranderen aan het met willekeur toekennen van grond?

12   Blijven onze pensioenen gegarandeerd?

13   Gaat er een werkelijke transparantie komen in bestuur zodat wij burgers ook begrijpen en zien wat de politici uitspoken?

14   Wat gaat er gebeuren met de overgrote meerderheid aan ambtenaren die niet werken of nauwelijks op hun werk verschijnen?

15   Wat gaat er veranderen aan de maffia die groten delen van het eiland en bevolking in hun greep hebben?

Dit zijn enkele vragen die toch veel naar boven komen bij gesprekken.

Een algemene vraag die je hoort is: **Wat schieten wij als bevolking er nu WERKELIJK mee op met al deze politieke poespas?**

Mensen geloven werkelijk dat het puur allemaal politiek is en dat hun burgers NIETS zullen merken van de verandering/ sanering. Ik denk dat je daar erg op moet gaan spelen dat er toch betere voorzieningen komen. Misschien hogere salarissen en een betere oude dag met een deugdelijke ziekteverzekering. Dat voor iedereen en niet alleen de hogere lagen en de politiek!

Toelichting

Het was een relatief kort mailtje op een issue die werkelijk groot is. De lokale bevolking ziet de regering als, zoals het hier op Banda'bou genoemd wordt 'mensen uit Willemstad', als een stelletje clowns die toch doen wat zij willen en waar wij burgers niets aan kunnen veranderen. Ze lachen als je over politiek praat want zij voelen zich slachtoffers van het domme gepraat en vele woorden waar niemand iets van snapt. Erger nog, zij zullen hier niets van merken en dat is al zeer vele jaren zo gaande. Waarom zouden de burgers zich dan druk maken en zelfs tijd spenderen aan de apen in een pakkie! Dat is wat u kunt horen bij de snèk, bij de lokale winkeltjes en op het plein. Laten we het maar gezellig houden en niet praten over die gasten in Willemstad. Ze zoeken het maar uit!

Ik kreeg op mijn punten het volgende antwoord op;

Mail
Subject: Re: Enkele vragen
Date sent: Sun, 8 Feb 2009 20:52:41 +0000

John,

Wow, goede vragen man! Ik zal ervoor gaan zorgen dat niet alleen jij, maar ook het volk deze antwoorden zal krijgen. Je hoort gauw van mij.

Toelichting

U begrijpt het al, ik heb nooit één antwoord mogen ontvangen want de meeste antwoorden zouden te negatief voor de campagne uitvallen en ook tegen de manier van werken van de coalitie! Het is een show en op de een of andere manier moest ik toch geslijmd worden voor later wat het 'grotere werk' zou moeten worden! Een manier die in alle politiek gehanteerd wordt. Je stopt een zee van tijd ergens in en het verdwijnt in een la of erger nog, in de prullenbak! Maar goed, even had ik het idee dat het gemeend was maar bij het uitblijven van de antwoorden, was die blijheid en fijn gevoel zo vervlogen. John je bent in de politiek bezig, was een stemmetje wat al meerdere malen kwam opzetten.

Maar ik ging verder en heb toen een overzicht gestuurd met wat er misging en is. Zouden de politici toch kunnen gebruiken, niet waar?

Hierbij mijn mail naar deze pion die het plaatste op de website.

Wat ging/gaat er mis

Ik spaar u en ga hier geen bladzijdes vol typen met een op- somming wat er sinds 1954 mis ging op deze eilanden. Heeft geen nut en we schieten er niet veel mee op.

Toch licht ik er een ding uit wat toch regelmatig op duikt in onze politieke historie.

Het opgeven van een visie en een doel.

Ik ga even terug naar de tijd van heer Pourier. Een man die met zijn nieuwe partij een verademing was voor ons burgers. Eindelijk leek het erop dat wij als burgers verlost zouden worden van de maffia en van de vele parasieten op dit eiland. Helaas, na zeer veel tegenslagen gaf heer Pourier op en kon letterlijk en figuurlijk niet meer. We gleden weer af en onze hoop als burgers verdween. Dat bleek wel omdat we op een gegeven moment geregeerd werden door enkel in mijn ogen analfabeten. Mensen die niet wisten wat politiek was en alles moesten vragen aan hun 'achterban'. Wie die achterban was, was snel duidelijk en wij gleden regelrecht in een zeer korte tijd af in een afgrond. Nederland zweeg en durfde niet in te grijpen. Natuurlijk niet want Nederland zat hier zelf grotendeels achter en er was zelfs sprake van om hier weg te trekken. Dat werd vele keren bevestigd door de toen gelegerde mariniers. Sinds enkele jaren is de draad weer opgepakt door mevrouw de Jongh-Elhage en haar team. Ze hebben ondertussen vele stappen ondernomen om wederom het zinkend schip te redden.

Maar wat gebeurde er; Helaas ook mevrouw de Jongh-Elhage is niet geheel opgewassen tegen de druk vanuit de Nederlandse maffia en de lokale oppositie. Het deed me pijn toen ze haar regeren ging koppelen aan de uitslag van het referendum. Bij 'nee' stap ik op en zo maakte ze de weg open om van het hele referendum een manier te maken om haar van die stoel te krijgen. In mijn ogen had ze dit niet mogen zeggen, misschien wel denken, maar politiek gezien heeft ze haarzelf een zeer grote klap toegebracht. Natuurlijk word je moe van het vechten tegen zo'n zware tegenstander maar in mijn ogen is hier werkelijk de grote ommekeer gekomen in de aanval van de oppositie.

Ik ben zelf een geboren Nederlander en leef nu 28 jaren op dit heerlijk eiland maar een ding is mij in de laatste jaren zeer duidelijk geworden. In de tijd van Pourier liet Nederland hem bewust vallen. Nu in de tijd Elhage is het ook weer Nederland, die ver weg en alles als een 'interne aangelegenheid' betitelt. Ook gezien hoe de Gouverneur zijn werk doet kan je de conclusie trekken dat er een tegenwerking is. Bang dat er beslissingen genomen moeten worden maar ook bang dat er maatregelen getroffen moeten worden. De regel 'Het is een interne aangelegenheid' wordt dagelijks gehanteerd.

Uit mijn informatie, die overigens zeer betrouwbaar is, blijkt dat Nederland achter deze hele haatcampagne zit die vele grote machtige Nederlanders lokale oppositie dingen toespelen om het hele referendum op een fiasco te laten uitdraaien! Het zijn geen speculaties want zet de hele gang van zaken eens werkelijk op een rijtje en wat ziet u dan?

1. We hebben hier vele mogelijkheden voor het wegsluizen van smerig geld,
2. De casino's, internet gokken.
3. De Seks wereld, kinderporno via internet enz.
4. Drugs / wapens toevoer naar zeer veel landen.
5. Het belasting klimaat wat nog steeds o zo aantrekkelijk is en een waar paradijs is voor vele.

Ik zeg niet dat het de Nederlandse politiek is maar het zijn de werkelijke grote heren vanuit Nederland die het allemaal al goed vinden wat hier gebeurt en zo kunnen zij zich blijven verreiken en profiteren van een onstabiel eiland. Daarom hebben heer Pourier en mevrouw Jongh-Elhage en haar team het zo moeilijk en wil het allemaal zo moeizaam verlopen.

Zet alles maar eens werkelijk op een rijtje u zult verschieten waar de weg naar zal leiden. Succes

Toelichting

Dit stuk is op een website geweest waar ik de mensen voorleg wat er misging en gaat. Het is een werkelijke opsomming waar wij aan voldoen en waarom wij als eilanden steeds verder in de problemen zijn gekomen. U leest veel over de dingen waar ik het al met u over gehad heb en het is duidelijk dat het niet zo'n gewild artikel was. Het werd dan ook kort daarna weggehaald omdat er geen antwoorden op kwamen van regeringszijde en het te aanvallend was. Langzaam maar zeker werd duidelijk waar deze trein naar toe zou gaan, maar je kunt niet altijd denken dat het weer zo zal vergaan.

Zo bleef ik het beste maar van hopen. Helaas werden vele woorden ook deze keer niet begrepen. Iets wat op de Antillen de gewoonste zaak is. Kijk maar eens als er iets gezegd wordt wat de politici menen dat het in een bepaalde context gestaan zou hebben. Vele keren merk je dat ook wanneer de heer Gelt Dekker wat schrijft. Nederlands lezen en Nederlands voelen is, met de zeer large tenen die vele lokale politici hebben, een moeilijke zaak.

'Avonds laat kreeg ik een raar gevoel en met al de heisa om en rond het referendum, kreeg ik door om een verantwoording te schrijven naar al mijn nabestaanden. Het is het volgende stuk geworden. Recht uit mijn hart, vanuit mijn gevoel en des te meer een belangrijk stuk, in mijn ogen.

Ingezonden Februari 2009

Verantwoording naar mijn kinderen toe

Jullie vragen mij, nu in het jaar 2015, waarom het eiland zo te neer geslagen is. Zo verpauperd met zoveel werkelozen, met nauwelijks te eten door de hoge prijzen. Een eiland zonder sociale voorzieningen en waar geen geld en plaats is voor ons, jongeren en ons, oudjes. Ik durf jullie nu niet meer in de ogen te kijken, door de puinhoop die we voor jullie hebben achtergelaten. Wij als ouders mochten wel op een weelderig eiland leven.

We hadden werkelijk alles om ons heen totdat iedereen alleen maar aan zich zelf begon te denken. Zelfverrijking noemden we dat.

We hebben zelfs een kans gehad om weer opnieuw te beginnen met een zo goed als schone lei. Maar helaas mijn kinderen, wij namen deze kans niet. We waren te druk bezig om de laatste reserves te spenderen en elkaars leven onmogelijk te maken. We luisterden naar een oppositie die niet veel goeds in petto had. We beseften niet dat het 'nee' zo'n vergaande gevolgen had en dat jullie, mijn kinderen, nu met lege handen staan op een geplunderd, leeg, verpauperd en ziek eiland. We hebben voor jullie een tweede Haïti gecreëerd! Het spijt me zeer dat ik toen niet harder tegen in was gegaan en nog meer mijn woord had laten doen gelden. Het doet me pijn jullie in armoede te zien en dat jullie vernederd worden door een paar mensen die de macht in handen hebben. De maffia noemde ik het toen. Vergeef me, mijn kinderen, vergeef me, dat we het eiland zo verpest hebben en dat we jullie een mooie toekomst hebben ontnomen.

Ingezonden Februari 2009

Dunando kuenta di rason na mi yunan

Awor den aña 2015, boso ta puntra mi ta di kon e isla ta asina desepshoná.

Asina empobresé ku tantu hende sin trabou, ku kasi nada di kome debí na e preisnan haltu ku ta surgi. Un isla sin seguridat soshal kaminda no tin plaka ni lugá pa nos, hendenan hóben y nos, e grandinan. Mi no ta riska di mira boso den boso kara, pa motibu di tantu desaster ku nos a laga atras pa bosonan.

Anos komo mayor si por a biba riba un isla riku. En bèrdat ku nos tabata tin tur kos rònt di nos, te ora ku kada un di nos a kuminsá pensa riba nan mes. Enrikesimentu di bo mes nos ta yama esei. Hasta nos a haña un chèns di kuminsá henteramente di nobo ku blachi limpi. Pero lamentablemente mi yunan nos no a hasi uso di e oportunidat ei. Nos tabata muchu okupá ku gastamentu di e último reserva i hasiendo bida difísil pa otro. Nos a skucha un oposishon ku no tabatin muchu bon intenshon. Nos no a realisá ku e "no" lo tabatin asina konsekuensia desastroso i ku aboso mi yunan awor ta para man bashí riba un isla sakeá, empobresé, bashí i dañá. Nos a krea pa bosonan un segundo Haiti. Ta duel mi masha ku e tempu ei mi no a bringa mas duru i no a laga mi bos resoná mas tantu. Ta hasi mi doló di mira boso asina den pobresa i ku un par di hendenan ku tin poder den nan man ta humiliá boso. E tempu ei mi a yama e kos ei mafia. Pordon mi yunan, pordoná mi ku nos a daña e isla asina i ku nos a priva boso di un futuro bunita.

Toelichting

Dit stuk wat zowel in het Nederlands als in het Papiaments uitgebracht is, is een gevoelsstuk over wat de politici nu op dit moment ons burgers aandoen. Ik vind dat wij burgers, op enkele nagelaten, werkelijk passief zijn. Er zijn maar weinig mensen die werkelijk iets durven te ondernemen. Iedereen loopt te schreeuwen bij een snèk of bij andere gelegenheden maar er zijn zeer weinig mensen die werkelijk iets doen. Ook dat merkte ik toen ik de MKK startte. Hoe weinig mensen werkelijk naar buiten durfden te komen laat staan daadwerkelijk actie durven te ondernemen.

Bang en zwaar onderdrukt in een tijd dat, zoals zij zelf beweren, er geen slavernij meer is. Nou, daar zet ik duidelijk een vraagteken bij want de handel in mensen als ook het onderdrukken van mensen is nog weldegelijk gaande op deze eilanden. Dit allemaal toegestaan door ons opperlandje Nederland dat alles maar oogluikend toelaat onder zijn driekleurenvlag.

- Bang dat ze niet populaire zaken moeten gaan uitvoeren, ook zijn ze bang dat ze tegenstand gaan krijgen van mensen die werkelijk diep ingeburgerd zijn in de maffia.
- Bang dat ze aangesproken worden op hun eigen o zo vele tekortkomingen.
- Ook nog eens bang omdat ze weer als koloniaal aangeschreven zouden kunnen worden, maar kennelijk niet bang om het op zijn beloop te laten.

Een duidelijke struisvogel mentaliteit die in Den Haag al tientallen jaren toegepast wordt.

Ondertussen ging de brievenwisseling verder met onze politieke pion. Deze persoon had de smaak te pakken en ging me dingen doorspelen waar ik dan op zou moeten gaan reageren. Helaas waren er dingen bij waarvan je denkt 'wat moet ik hier nu mee'. Toch kwamen er ook dingen naar boven die ik al wist en dat daar de politiek ook achter zat, zelfs dieper dan dat ik doorhad op dat moment. Ik kreeg op 9 april de primeur aangeboden om op die website te gaan kijken, want daar zouden stukjes van me geplaatst worden.

Mail
Subject: Primeur
Date sent: Mon, 9 Feb 2009 18:31:47 -0400

Ik ben al een week bezig om mijn eigen site te designen die ik ga gebruiken voor informatieverstrekking. Het is de bedoeling dat ik binnen enkele dagen start met de bekendmaking en dan kunnen mensen ook echt registreren en artikelen schrijven erop zodat het zijn leven gaat leiden. Ik screen wel alles wat er komt, want uiteindelijk is mijn doel om alle informatie te plaatsen die juist correct is en te gebruiken is voor het volk. Simpele vragen, simpele teksten en commentaar voor allen, niet alleen de hooggeschoolden. Precies voor de mensen die niet voldoende informatie hebben over alles wat nu gaande is m.b.t. politiek.

Je kunt alvast een kijkje nemen erop. Registratie werkt al en artikelen plaatsingsproces inclusief screenen werkt ook al.

Hou het alleen nog even voor jou want het is nog niet helemaal klaar.

Toelichting

Ook werd me die dag het rapport toegezonden van de twee Harvard studenten, Ben Gardner & Jeremias Prassl; 'A look through the constitutional prism'. Mooi rapport en er is werkelijk veel aandacht aan besteed. Geweldig dat deze twee mensen erachter waren gekomen dat we een kans laten liggen als we niet door zouden zetten. Maar na het lezen kwam toch een vreemd gevoel over me. En u weet, ik werk met gevoel. Ik ben niet zozeer gehecht aan het gesproken en geschreven woord. Ik weet dat er vreselijk gemanipuleerd wordt en dat gevoel kreeg ik bij dit rapport. Waarom kwam dit rapport in een keer uit het niets opdraven? Wie waren de mensen die deze jongens begeleidden? Zo kwamen er meer vragen dan antwoorden.

Een nog rotter gevoel kwam, toen ik zag dat het rapport door van Eps, Kunneman van Doorne ondersteund werd en toen gingen werkelijk mijn haren recht overeind staan, want wat willen ze nu met dit alles bereiken. Dat werd me later duidelijk en dat zult u later ook wel duidelijk gaan worden in dit boekje.

Op een mail waarin vragen werden gesteld wat 'ja en nee' inhield kwam er een verklarende mail over wat de grootste partij niet allemaal al gedaan had in de afgelopen tijden om het 'ja' te bereiken!

Mail
Subject: RE: Informatieavond
Date sent: Mon, 9 Feb 2009 19:42:45 -0400

Ik begrijp je, het probleem is, als het volk nee zegt betekend dat, dat het volk niet eens is met hetgeen de PAR heeft verricht de afgelopen jaren. Alle wetsvoorstellen (honderden in totaal) die klaar zijn gemaakt voor het nieuwe land op alle gebieden zoals justitie, zorgsector, onderwijs, economie etc. zullen komen te vervallen. Dit omdat het een totaalpakket is.

Het is een totaalpakket die ons heel veel moeite heeft gekost omdat je telkens een handtekening moet hebben van je coalitiepart-ners, erger zelfs, van St. Maarten, BES, Aruba en Nederland. Wij zitten samen in een Koninkrijk en daardoor moet iedereen eens zijn met elkaar als er staatkundige veranderingen zijn. Er zijn ontzettend veel zaken waar de PAR voor heeft gestaan die pas na vele onder-handelingen gelukt zijn. Indien wij nu een specifiek punt uit het pakket halen om weer over te onderhandelen, zal Nederland ook zeggen eerlijk is eerlijk dan wil ik ook een punt opnieuw onderhandelen bij-voorbeeld sanering dat al heel, heel gevoelig ligt in Nederland. Of misschien de SEI voor economische ontwikkeling etc. Laat sta-an Aruba die dan weer het Hof wil zien verhuizen naar hun. Of St. Maarten die meer commissarissen wil hebben in de nieuwe Bank van Curacao en St. Maarten. Als het pakket opengebroken wordt hebben wij echt een probleem en vooral met de schuldsanering. In de Tweede Kamer willen ze er echt onderuit.

Naast het pakket is er ook een belangrijk punt: het volk. Op het moment dat het volk nee zegt, zeggen ze nee tegen het pakket.

De PAR heeft alles op alles gezet om het pakket te maken. Indien het pakket niet goed is, moeten wij ruimte maken voor anderen die het dan wel kunnen doen. We kunnen echt niet blijven zitten nadat het volk nee zegt tegen het eindresultaatvan jarenlang zwoegen, zweten, stressen, ruziemaken met Nederland en de rest om opnieuw te gaan beginnen. Dit is het beste wat wij hebben kunnen doen. Dus indien het niet goed is, moeten wij weg. Dan mogen Cooper, Schotte, Wiels en de rest opnieuw gaan starten ermee.

De PAR en alle aanhangers die Curaçao verbeterd willen zien moeten er alles aan doen om een volmondig JA te krijgen. Anders zie ik onze toekomst echt somber in. Dan heb je echt de maffia als Minister President.

Toelichting

Er kwam ook op dat moment een mail bij me binnen waar uitgelegd werd waar de heren Navarro en Geus zich in een keer achter schaarden. Mannen, die meenden voor het volk te zijn, die samen met de heren Wiels, Schotte en Cova samenwerkten. Maar het was niets vreemds want hoe heeft de PAR niet geschopt tegen de FOL? Nu zitten ze beide in een keer samen heerlijk in één coalitie! De politiek is gewoon een vuil spel en is niets meer dan elkaar afmaken om zo op een heerlijke stoel in de airco tussen de muren van het fort te zitten. Meer gaat het niet om! Zo zijn vele familieleden, zonder enige of zeer weinig kennis, van deze politici verzekerd van overbetaalde banen. Uiteindelijk zoals ook de politici betaald worden. Ik schreef met die informatie het volgende stukje:

Ingezonden Februari 2009

Dubbelzinnig

Even weer een nadenkertje.

Als ik me goed herinner waren er eens partijen die samenwerking zochten met Nederland om justitie een taak van het Koninkrijk te maken! Ben wat gaan snuffelen. BINGO:

In AD 6 december 2003 vond ik een artikel waar voorzitter, heer de Geus, van de politieke partij MAN schreef onder de kop; "MAN maakt justitie taak Koninkrijk".

Ik citeer: "Zelf kunnen we dit niet oplossen, dus hebben we hulp van Nederland nodig".

Hetzelfde werd naar buiten gebracht in een partij programma van Forsa Korsow door Nelson Navarro, maart 2004.

Ik citeer; "Bepaalde aangelegenheden moeten zonder meer tot Koninkrijksaangelegenheid worden verheven, waaronder in ieder geval justitie. Dit vereist de nodige aanpassingen in de bestaande regelgeving op zowel koninkrijksniveau als op landsniveau".

Nu sla ik de kranten open anno 2009 en wat zie ik, dat juist die oppositie partijen grote tegenstanders zijn om samen te werken met Nederland! We kunnen het nu in een keer alleen af! Hadden wij als bevolking niet gekozen voor een betere samenwerking in het Koninkrijk?

Kijk, ik heb nooit werkelijk iets begrepen van de politiek en dat is maar goed ook. Maar dat partijen mee waaien met alle winden die hen uitkomen, is wel diep en diep triest en in mijn ogen zelfs crimineel.

Waar is onze oppositie werkelijk mee bezig?

Toelichting

Na dit ingezonden stuk had ik een telefonisch gesprek met heer Navarro. Hij was werkelijk op zijn grote tenen getrapt en hij heeft ook op alle radiostations lopen verkondigen waarom hij zo te werk ging.

Aan mij gaf hij door dat hij niet voor niets met de overige oppositiepartijen en heren samenwerkte want hij hoopte zo deze mensen inclusief de heren Cooper, Cova en Pierre wat meer in de ban te kunnen houden! Waarop ik vroeg: '*Maar uw naam ligt nu ook in het slijk van deze heren en u bent zo nu niet veel beter als hen*'. Stil was het en het gesprek was snel over.

Heer Geus bleef stil, deze man is werkelijk beland in de MAN beerput. Hij zit nu goed bij UTS met zijn politieke benoeming als directeur aldaar.

Ik schreef kort daarna heer Navarro nog deze brief:

Dubbelzinnig

Op de eerste plaats bedankt voor uw uitleg heer Navarro. Maar ik ben een simpele burger die soms even de zaak niet kan pakken. Wanneer ik als burger naar een bank, of soortgelijke instantie ga, voor een nieuwe wagen, legt de bank me vast aan een leger eisen, boven op hun woekerrente. Als ik naar de bank zou gaan om 5 miljard te lenen zouden ze me eerst voor achterlijk verklaren en daarna een contract onder mijn ogen schuiven dikker dan het dikste wetboek op de wereld!

Nu heeft Curaçao samen met Nederland er de laatste 55 jaren een grote puinhoop van gemaakt zowel financieel- als burgerrechterlijk. Ondertussen is Nederland willend 5 miljard te geven om de grootste zorgen, lasten en gaten recht te trekken. 5 miljard is geen nieuwe wagen! Dat er dan aan de zijde van de Antillen ook concessies gedaan moeten worden is dat dan niets als normaal? Er wordt nu al tientallen jaren over en weer onderhandeld en alsmaar tegen gehouden, waarom is duidelijk, maar daar rept niemand een woord over. Is het niet zo dat wij als Antillen niet het beste er al uitgehaald hebben, tegen experts waar wij mee moeten dealen? Hoe lang denkt u nog te onderhandelen? Ondertussen is het volk totaal de weg kwijt, met zeer veel armoede, criminaliteit, drugs en geen fatsoenlijke ziekte- / sociale verzekering of zekerheid. Ook hoor ik niets van de oppositie hoe we de overige miljarden schuld op gaan lossen die er nog open blijft staan na de sanering. Hoe lang nog denkt de oppositie het volk nog aan een lijntje te kunnen houden, te onderdrukken (en te stenigen) met hun huidige houding?

Ondertussen kreeg ik weer een mailtje van onze politieke gast met deze boodschap;

Mail
Subject: RE: Re:
Date sent: Tue, 10 Feb 2009 16:28:16 -0400

He John,

Ze zijn beide erg goed!
Je zet de mensen aan het nadenken man.
Gooi ze er maar uit. Want de info laat op zich wachten en Suzy Romer heeft ook interesse getoond voor dit onderwerp. En als eerste eruit komen zal zeker een pluspunt zijn zodat niemand kan zeggen dat je het van hun had overgenomen uit de krant. Nu komt het van jou uit als diegene die het heeft aangekaart. Je hebt het goed aangepakt en geschreven.

Toelichting

Langzaam maar zeker begon ik een slecht gevoel te krijgen, want wie bepaalt nu wat ik schrijf en wanneer ik het eruit gooi? Ik had deze artikelen niet geschreven om welke partij dan ook te bevoordelen, maar puur als een bezorgde burger die informatie kreeg wat niet te rijmen was. Het werd erger en als klap op de vuurpijl kreeg ik ook nog deze mail;

Mail
Subject: Re:
Date sent: Thu, 12 Feb 2009 12:12:07 +0000

Pabien!! Je ziet het gelijk, als het meehelpt, dan doen ze er zelfs een stukje bovenop. Hahaha jouw naam is aan het gonzen want velen wilden dit doen, maar jij was de eerste!

Toelichting

Was het een wedstrijd? Was het een spel? Later zouden de antwoorden gaan komen.

De mails bleven zeer regelmatig komen en ik kon wel zeggen dat er zo goed als elke dag wat binnenkwam. Niet altijd interessant maar meestal om te vrijwaren dat 'ja' de beste optie zou zijn.

Mail
Subject: Re: Pijnlijk
Date sent: Sat, 14 Feb 2009 08:51:14 -0400

Hai John,

Natuurlijk. Als de waarheid naar boven komt wil men gelijk reageren. Maar Forsa Korsow heeft dat gewoon in hun partijpro-gramma staan dus hij kan lullen als brugman. Maar op het moment dat gewezen wordt dat hij gewoon opportunistisch bezig is in tegen-

stelling van zijn partijprogramma, wil hij jou gaan bellen.....pfftt. Ik blijf lachen man.

Ja, van Cova wisten wij al. Die heeft nog niet genoeg gepikt uit de overheidskas en wil graag weer terug. Dat is een van de maffia's. Ik ken hem trouwens heel goed en zijn kinderen ook, maar dat betekend dat ik juist meer weet van zijn praktijken.

Je hebt ze door en je hebt het geschreven, dat heeft ze laten schrikken. Het is goed dat mensen te weten komen dat niet alles wat de oppositie loopt rond te bazuinen ook echt waar is. Op het moment dat je de documentatie erbij haalt, smelten hun argumenten als sneeuw voor de zon. En met dit soort artikelen ben jij de zon, hahaha.

Toelichting

Het begon een vreemde wending te krijgen want verschillende politici gingen hun tenen nog langer maken dan dat ze al waren. Na wat hier en daar gesprekken gehad te hebben bleken ze veelal gepikeerd te zijn.

Zeker toen ik het woord corruptie regelmatiger in de mond nam en de politiek vergeleek en koppelde aan de maffia. Daarom is toen dit stuk naar buiten gekomen.

Ingezonden Februari 2009

Maffia politiek

Ik weet dat dit onderwerp eens in de kranten is geweest, maar kennelijk hebben vele politici dit als een belediging gezien. Met maffia politiek wil ik niet naar buiten brengen dat de politiek de maffia is maar meer dat de politiek werkelijk geregeerd wordt door de maffia! De maffia die wereldwijd hun tengels overal in heeft via de gok -, drugs - en seks wereld. Deze relatief kleine groepen hebben zeer veel grote groepen in de ban en weten door af te persen maar ook door onder druk te zetten van de regeerders maar ook burgers zo hun zaken te kunnen regelen.

Neem bv. het huidige referendum. Reeds andere heren haalden het ook al eens aan, dat hun gedachten maar niet eraf konden komen dat er wel degelijk de maffia achter de valse bes-chuldi-gingen en onwaarheden zit die verkondigd worden door de oppositie. Mensen die regelrechte leugens de wereld in helpen om zo hun eigen tekortkomingen (lees; maffia praktijken) te verbergen. Mensen die werkelijk zeer weinig positief bijdragen aan de maatsch-appij en alsmaar alles de grond in aan het boren zijn wat maar positief uit kan vallen. Als je hun verleden eens op een rijtje zet zie je alleen maar verderf en haat. Daarnaast ook nog een geweldige grote dosis frustratie en dat maakt deze mensen een mooie speelbal voor de grote maffia bazen op dit eiland.

Ga eens even rustig achterover zitten en kijk waar deze mensen mee bezig zijn. Het is dan duidelijk dat er alleen maar geprobeerd wordt op de meest walgelijke manier alles te boycotten om ons burgers een betere toekomst te geven. In de tijd dat zij aan de macht waren werd er totaal niets gedaan en vele instanties werden financieel totaal leeggezogen. Staatsleningen werden onderhand maandelijks uitgeschreven en zo geraakten we in een zeer diepe put. Erger nog, er werd in die tijd toenadering gezocht met een communistisch Cuba en een Venezuela die ook niet werkelijk te vertrouwen zijn. Dat gaf ons ook nog eens de naam dat we aan mensenhandel en slavernij deden en overigens nog doen. Al deze symptomen zijn een weg die de maffia volgt, want een land financieel afhankelijk maken en met veel ellende beladen is gemakkelijk te manipuleren en in de ban te houden door een maffia. Bewijzen zijn er ten over en het zal eens tijd worden dat, dat eens gaat veranderen en dat we werkelijk een eiland gaan worden waar elke burger dezelfde rechten heeft maar ook zijn plichten. Een eiland dat financieel stabiel is en waar de burgers beschermd zijn.

Dat is waarom momenteel alles en alles aan gedaan wordt door enkele maffialeden om dat tegen te werken en waar wij burgers een einde aan kunnen maken mits we maar een blok gaan vormen en dan zeggen 'NEE' tegen de maffia en 'JA' tegen de nieuwe structuur.

Toelichting

Ik denk dat dit stuk weinig toelichting nodig heeft. Al is het in de politieke wereld niet werkelijk begrepen geworden en leek het later meer als vuur bij een kan benzine zetten. De politiek is werkelijk in de ban van de maffia en dat resulteerde in de soms dubieuze beslissingen. Of ook wel, het totaal geen beslissingen nemen en het op zijn beloop laten. We zien het nog steeds bij de vele politieke benoemingen, ISLA, olie, criminaliteit en de zeer veel andere zaken waar niets aan gedaan wordt. Stuk voor stuk heeft de maffia hier zijn aandeel in. Ook zie je dat in de duistere schadeclaims, medicijnwereld, luchtvaartzaken waar we allemaal nog later op terug gaan komen.

In het volgende stuk, gaat het over een nieuw ziekenhuis die dat een nieuwe groep wil plaatsen op dit eiland. Het wordt tegengehouden omdat een groep uit de politiek, maar ook vanuit de kerk zich verzet. Overigens vergeten vele mensen hoeveel de kerk zich overal inmengt en meent zo dingen in hun hand te moeten houden. Als de kerk nu eerst zijn eigen zaakjes op zou knappen en alle vieze praktijken in zijn eigen omgeving zou veranderen, dan zou ik alsnog daarna zeggen; Ga zieltjes winnen en laat de politiek en vele andere zaken met rust.

Over het Bisdom Willemstad alleen al zou ik in de toekomst nog eens een geheel boek kunnen wijden. Maar wat heeft het voor zin daar het RK geloof al lang op zijn retour is en iedereen ziet, dat ook zij met een vuile politiek leven en werken. Denkende aan de homo gedragingen, kindermisbruik en vrouwenmisbruik alleen al in dit bisdom hier op de Antillen.

MCC

Het bestuurscollege heeft werkelijk een goede beslissing genomen in de lijn zoals ze al geruime tijd denken. Het MCC krijgt geen toestemming om zich te vestigen! Er was toch al (snel) een afspraak gemaakt met het huidige Elisabeth hospitaal om dit weer op te lappen? Dus een tweede ziekenhuis is overbodig.

Vele jaren wordt er gepraat over de wantoestanden in onze nationale trots. De trots van verval, ziekte en virussen. Net zoals de politiek zich gedraagt en dus een duidelijk icoon is naar ons burgers toe. We mogen geen nieuw gebouw krijgen als gewone burgers. Wij burgers moeten het doen met een afgeschreven gebouw waar vele specialisten een eigen landje hebben. Een domein wat onze regeerders duidelijk aan meewerken, want in mijn ogen en door hun handelen lijken er grote belangen op het spel te staan.

Schieten de woorden in me op, toen ik aan het uitzoeken was waarom wij gepensioneerden niet verzekerd zijn. Waarop een woordvoerder, die mij telefonisch glashard durfde te zeggen; *'We hadden er niet op gerekend dat de oudere mensen zo lang zouden leven'!* Nu, deze woorden worden nu in daad omgezet door het huidige BC. We laten het 'gewone volk' verkommeren, ziek worden en sterven in een nest van virussen, terwijl de welgestelde met de grootste spoed naar buitenland vervoerd wordt en in de meest dure klinieken behandeld kunnen worden op kosten van ons zuur betaalde belastinggeld.

Verschil moet er wezen, niet waar?

BC, u heeft werkelijk uw woord bij de daad gevoegd en duidelijk aangetoond dat wij burgers zelfs nog geen 3de klas meer waard zijn.

Toelichting

Zoals ik al eerder stelde, dit artikel is niet alleen tegen het BC. Het gaat verder, want wie gaat nu tegen de wil en de wetten in van een Bisdom? Een Bisdom dat meent werkelijk alles te mogen en te kunnen. Zo blijven wij burgers alsmaar verstcken van vernieuwingen en van mensen die wel willen werken aan de gezondheid.

Over gezondheid gesproken, op deze dag (19 februari 2009) zijn we bij mevrouw Leeflang op de koffie geweest. Werkelijk, het is ongelofelijk hoe iemand het woord meent te blijven moeten nemen maar ook alsmaar in het gelijk gesteld denkt te moeten worden!

We werden opgevangen met 3 stukken die ons in de hand gedrukt werden. Stukken die kennelijk eens wetten moeten gaan worden. Deze stukken moeten eens ons, als burgers, gaan beschermen en werkelijke ziekteverzorging waarborgen. Twee stukken mochten we niet mee naar huis nemen want die waren vertrouwelijk. Ja, we hadden stukken in onze handen die zo vertrouwelijk waren en een begin was voor een aanzet tot een nieuwe wet. Maar we mochten ze allemaal lezen! Nu weet ik uit ervaring dat er duizenden van dit soort stukken in het verleden ingediend zijn maar nooit van de grond zijn gekomen.

Mijn gedachten waren dan ook, wat heeft dit vodje papier werkelijk voor waarde?

Verder werd ons het statuutboekje in de handen gedrukt want dat had deze minister ook even geregeld en laten drukken. Erg handig het diende nergens voor want het was al lang via internet in mijn bezit. Weer geld voor niets uitgegeven van onze belastingcenten!

Op de vragen uit het karige toehoorders bleek dat er veel paniek is onder de (niet) verzekerden. Mensen kregen te horen: *'Geen probleem, u wordt wel geholpen al wordt er wel later beslag gelegd op uw huis'!* Erg rustgevend en werkelijk woorden van een persoon die kennelijk geen hart heeft, want wat is dat nu voor een antwoord uit de mond van een minister. Later kregen we nog de woorden: *'Meer kan ik niet doen, het wachten is op anderen die de wet aan moeten nemen'.* Altijd zijn het de 'anderen' die wat moeten doen en zo blijven de politici zich schuilen ook achter deze 'anderen'. Wie het ook wezen mogen!

Ik heb me al meerdere malen afgevraagd waar een minister voor dient maar ook op die avond is het mij duidelijk geworden dat we deze mensen beter kunnen opdoeken. Ze kosten onze gemeenschap handen vol geld en als je ze hoort, kunnen ze niets voor de bevolking doen! Waar zitten ze dan voor? Is mijn eeuwige vraag aan hen. Als zij niets kunnen regelen of aanpassen dan blijkt duidelijk dat ze dus niet capabel zijn voor die job! Het zijn juist de ministers met werkelijke kennis die regels kunnen veranderen, mits er maar een wil is van hun kant. Maar kennelijk zie ik, als politieke bruut, dat helemaal verkeerd. Na de 'les' gevolgd te hebben en wat vragen onbeantwoord te mogen achterlaten, gingen we in ieder geval met een zware kater naar huis.

Zeker toen als afsluiting nog wel even werd medegedeeld dat het beste was dat we op 'ja' zouden moeten stemmen. Op dat moment zakte letterlijk en figuurlijk mijn broek af en was het duidelijk dat ik ingetrapt was in een politieke stunt van deze partij.

Thuisgekomen ging ik nog kritischer kijken naar de informaties die ik kreeg van onze pionnen der maatschappij. Mijn voelhorens stonden al op het uiterste. Warempel, ik kreeg meer en meer de informatie waar politieke partijen zich afmaakten voor een simpele stem van Jantje Publiek. Het werd vuiler maar het werd ook steeds lager bij de grond. Ik ging me afvragen of het nog wel zin had om hierin door te gaan. Hoe ik het ook wend of keer, de stukken kwamen wel van mijn hand en de kranten plaatsten ze wel onder mijn naam.

Er kwam een artikel in de krant over mevrouw Bijleveld over het zand gooien in de ogen van de kiezers. Het werd werkelijk een belachelijke vertoning en ik schreef er een volgend stukje over.

Het zand van AP

Bij het lezen van een persbericht van AP (Aliansa Patriótiko) zijde, dat mevrouw Bijleveld zand in de ogen strooit bij de Curaçaose burgers, vraag ik me af wat AP doet met zijn burgers. Zijn zij niet een hele woestijn in de ogen van de burgers aan het gooien? Net de AP moet dit naar buiten brengen, net die mensen die dagelijks met onwaarheden en verdraaiingen in alle media naar buiten komen! Ik wacht nog steeds op objectieve, eerlijke en opbouwende informatie van hun zijde.

Toelichting

In dit stukje kon ik er maar niet van ontkomen om aan te denken dat de politiek werkelijk een vuile beerput is, die niet alleen vreselijk stinkt maar ook nog gekoppeld is aan een hogere macht die ik voor alle duidelijkheid de maffia noem. Wat kunnen personen laag dalen als het om politiek gaat, maar als je dan ziet dat er zeer grote bedragen mee gemoeid zijn in campagnes, zoals die van het referendum, dan snap je pas waarom deze mensen door slijk en stank kruipen om maar bovenaan te mogen staan.

Er was al sprake dat een heer Rutte aan kiezers 25 gulden uit aan het delen was als mensen 'nee' zouden stemmen en ook werd die man genoemd die het geld beschikbaar stelde. Laat die man nu net een grote zakenman zijn die vele zaken bezit op dit eiland maar ook de containerhavens!

Toevallig?

Nee, het waren uitspraken van ook van een van die politieke pionnen.

Ondertussen werd bij mij de vraag steeds duidelijker waar de werkelijke sterke mensen zijn gebleven. Voor mij geen raadsel en het is duidelijk dat dit dan nog de mensen zijn die nooit hun naam in de beerput willen gooien door in de politiek te gaan. Wie wil nog op een lijst voorkomen die zo met bloed doordrongen is? Want het is niet alleen dat de mensen onderdrukt worden of onder druk worden gehouden maar steeds meer vloeit er bloed hier op de straten. Maar alles onder het mom dat de politici het onder controle hebben of misschien bedoelen ze dat de maffia alles onder controle heeft!

Ondertussen ging ik meer gerichter stukjes schrijven op een website en ging meer vragen stellen waarom ik 'ja' of 'nee' moest stemmen. Ik zou een reeks artikelen maken die ik 'vreemde geluiden noemde'. Vreemde geluiden omdat het berichten zijn die je op straat hoort en het dingen zijn die onder de bevolking spelen.

Ingezonden Februari 2009

Vreemde geluiden deel 1

Het te komen referendum is overspoeld met vreemde geluiden. Ik ga ze niet aanhalen want dat vult werkelijk een website tot een grootte van Yahoo. Toch zijn er vragen en een die steeds in mijn gedachten opkomt is;

Als de uitslag 'nee' is van dit referendum dan is Nederland internationaal verplicht verder te onderhandelen en zouden enkele van de punten bijgeschaafd moeten worden.
Maar wat zijn de geluiden;
-       Het is 'alles of niets' van zowel lokale - als Nederlandse politieke zijde.
-       Onze premier gooit het bijltje erbij neer bij een 'nee'.
-       We gaan terug naar af.
Even deze drie punten

Punt 1. 'Alles of niets'. Zo kan dat niet gesteld worden want er zijn onderhandelingen gaande en de politiek heeft ZELF beslist dat de bevolking mee mag beslissen. Iets wat in een democratisch land toch normaal behoort te zijn, niet waar?

Punt 2. Ik neem aan dat onze premier haar uiterste best heeft gedaan, maar iedereen weet dat er altijd punten zijn die beter kunnen. Waarom dat onze premier het bijltje erbij neergooit is voor mij een teken van opgeven en een wil doordrijven 'anders speel ik niet meer mee' (kinderlijke gedachten).

Punt 3. We gaan niet terug naar af omdat in grote lijnen vele dingen al geregeld en afgesproken zijn en er enkel wat punten zijn die bijgeschaafd dienen te worden.

Daarom, vraag ik me af, waarom enerzijds een referendum is uitgeschreven, als men nu al twijfelt en aan de andere kant geen onderhandelingen meer mogelijk zijn? De handtekeningen zijn allemaal geplaatst ZONDER enig inbreng van de burgers! Nu kunnen we alleen zeggen ja of nee! Democratisch?

Vreemd geluid?

Toelichting

Na het schrijven van dit stukje kreeg ik nog meer dwalende antwoorden.

Daarom ging ik enkele van die pionnen in de politiek meer gerichte vragen stellen per mail en ik kreeg steeds meer omzeilende antwoorden terug. Zoals dit antwoord over de dolfijnen en de vele corruptie op en rond het eiland.

Mail
Subject: RE:
Date sent: Sat, 21 Feb 2009 09:16:32 -0400

Over de dolfijnen, ik weet niet of politici hier wat aan kunnen doen. De regering heeft volgens mij niets te maken met wat Schrier doet. Het is een commercieel gebeuren onder het mom van gezondheid etc. Dit valt in het privaat sector. Anders moeten wij morgen ook bij Kooijman ingrijpen omdat zijn uitbreidingen van zijn megastore met geld is van buitenlandse wel/niet oplichters en dat hij hout koopt van en maffiabaas in timboektoe?

Zolang ze functioneren volgens de vigerende wetten en belasting betalen zullen bepaalde zaken altijd door de mazen kunnen glippen. Oplichten is tegen de wet en wordt nooit toegestaan, maar je weet het: zonder bewijzen en alleen op horen zeggen, kan het OM geen zaak opbouwen.

Toelichting

Ja, in de politiek is zaak dat je dingen omzeilt maar ook graag dingen ontkent. De vragen werden duidelijk niet beantwoord en soms zelfs in het belachelijke getrokken. Maar daar zijn onze politici en hun pionnen werkelijk goed in. Zo hebben ze vele stukken van mijn hand voor onzin versleten maar helaas voor hen, kwamen later wel degelijk bewijzen naar boven dat er een waarheid schuilde in mijn stukken. Het is mij werkelijk steeds duidelijker geworden dat politici graag een rookgordijn opwerpen over de zaken waar ze liever niet over praten. Het lijkt er wel op dat een van hun taken is; de materie zo moeilijk mogelijk te laten lijken dat ook zij met handen en voeten gebonden zouden zijn. Ja, dat is wat we later nog heel duidelijk tegen gaan komen. Het is ongelofelijk en zeker arrogant dat politici menen het alleen allemaal te weten. Maar wat wil je, als je eens voor de klas hebt gestaan met kleine kindertjes en alsmaar gelijk kreeg? Dan is het moeilijk om eens gelijk te geven en zeker eens te gaan aanhoren wat werkelijk de problemen zijn. Politiek voeren lijkt niets anders meer op dan problemen omzeilen en problemen die te warm worden zo moeilijk voor te stellen dat het onmogelijk is dat zij hier iets aan kunnen doen. Een zeer mooi voorbeeld is de ISLA waar ook nog eens de persoonlijke belangen erg zwaar wegen.

Ondertussen ging ik door met lijntjes uit te gooien en een daarvan is het volgende stuk 'Posty gate' genaamd. Het is meer achter de schermen gevallen omdat er kort daarop een zeer grote zaak aan het licht kwam maar hier is het stuk wat in de kranten verscheen.

Ingezonden Februari 2009

Posty gate?

Nee, maakt u zich niet druk ik ga niet over postzegels verzamelen spreken of hoe je een postzegel moet ontwerpen. Maar ik denk dat het onderhand hoogste tijd is dat onze bevolking weet hoe het er aan toe gaat in het toekennen en uitgeven van postzegels door de Nieuwe Post nv.

Reeds 25 jaren ontwerp ik postzegels voor de Antillen en het is voor mij altijd nog een eer geweest dat op +/- 200 postzegels mijn tekeningen staan, mijn geesteskinderen en mijn ideeën.

Maar wat gebeurt er de laatste jaren? Steeds meer worden er grote aantal postzegels ontworpen door een bureau dat gekoppeld is aan de drukker Joh Enschede in Nederland die al hun postzegels drukken. Afgelopen jaar (2008) zijn er alleen al 23 postzegels in het buitenland ontworpen! Nu vraag ik me af waarom? Ik heb een brief gestuurd naar de Nieuwe Post nv en minister Adriaans met de vraag om opheldering. U raadt het al, totaal geen teken van leven door deze mensen! Ik kan me niet indenken dat we op dit eiland geen ontwerpers meer hebben. Terwijl er in het verleden vele ontwerpers waren die meewerkten aan het ontwerpen van postzegels. Ook kan de schamele vergoeding (30 keer minder dan een buitenlandse ontwerper), niet de reden zijn dat het in Nederland goedkoper is. Het kan ook niet zijn dat het makkelijker is om in Nederland de zegels te laten ontwerpen terwijl je hier de ontwerpers op kunt roepen voor overleg.
Maar zoals het altijd gaat, alles en iedereen hult zich in grote stilte. Veel geld verdwijnt zo van de Antilliaanse economie naar Nederland. Dit alles wordt ook nog eens goed gekeurd door onze minister van verkeer en vervoer de heer Adriaens. Ongelofelijk dat er op deze eilanden alsmaar geschreeuwd wordt dat we het zelf kunnen maar ondertussen veel geld weggesluisd wordt naar onder andere een Nederlands ontwerpbureau!

Posty gate? Ik weet het niet, maar het is voor mij niet pluis en voelt het vreemd aan.

Een bezorgde ontwerper

Toelichting

Dit stuk maakte bij de coalitie niet veel los omdat er duidelijk belangen zijn. Deze belangen werden me duidelijk toen ik een gesprek kreeg met minister Adriaens. Hij nam werkelijk de tijd en het was een lekker lopend gesprek. Nu was dat niet zo moeilijk omdat ik heer Adriaens al vele jaren ken en hij ook vreemd vond dat er geen een van de telefoontjes en faxen bij hem doorkwamen. Waarop ik vertelde dat hij dan toch maar eens langs zijn secretaresse moest gaan of domweg eens zijn stukken moest gaan beginnen te lezen.

Het gegeven is, zolang je geen heibel maakt, zal niet een Antilliaanse minister of politicus reageren! Een stelling die in de afgelopen jaren keer op keer werd bevestigd. Je moet blijven bellen en zelfs soms tot dreigen toe vragen stellen, dan pas gaan ze de ernst van inzien. Dat zal blijken in een ander geval wat zeer veel stof deed opwaaien.

Het gesprek was werkelijk een bevestiging wat ik al stelde. De posterijen is een grote puinhoop en er zal gereorganiseerd moeten worden, vertelde heer Adriaens me. Hij wist dat er 'vreemde' zaken gaande zijn, ook dat de postzegels nu in zijn geheel onder één man in Nederland staat. Hij bepaalt de uitgiftes, het wie en het hoe en alles wat filatelie inhoudt! Allemaal stuk voor stuk bevestigingen van mijn stuk. Ook kreeg ik te horen dat ik in een commissie gezet zou worden maar dat, dat nog wel even kon duren. Ondertussen schreef de posterijen een werkelijk grote leugenbericht in de vele kranten.

Zo zou ik ook vele opdrachten krijgen (2 zegels per jaar) en vele dingen werden ontkend. Daar heb ik het volgende stuk op geschreven wat naar de minister (met bewijzen) en de kranten is gegaan.

Ingezonden Februari 2009

Postygate, een tipje van de sluier

Nieuwe Post nv heeft gekozen voor 'Studio La Branda'. 'Studio La Branda' komt in Nederland nergens voor! Noch bij de kamer van koophandel, telefoongids of op internet zijn hun gegevens te vinden! Hoe kan de Nieuwe Post nv met een niet bestaand bedrijf samenwerken en zelfs betalen?

Is 300 Euro, waar Nieuwe Post nv over praat, goedkoper dan Afl 500 die wij ontwerpers voor computer ontwerpen krijgen? Zie ons contract, artikel 9 lid 1.

Nieuwe Post nv praat over een 'deal' een 'package', hoe komt Nieuwe Post nv dan aan 300 Euro, terwijl een postzegelontwerp in Nederland zo vorstelijk betaald wordt? Wie gaat er in Nederland dan voor een schijntje, maar nog steeds meer dan lokaal uitbetaald wordt, werken voor Nieuwe Post nv?

Doet dit bureau ook werken onder het 6 pagina's tellend contract, met de meest onzinnige regels die voor ons ontwerpers gelden? Maar vergetend dat al onze ontwerpen WEL geestelijk eigendom blijven van de ontwerper en dat ontwerpen niet zonder-meer veranderd mogen worden al maak je het contract 100 pagina's!

Er wordt aangehaald dat het ook over copyrights gaat. Waar berusten die dan op? Waarom heeft 'Studio La Branda' die rechten wel, overigens een studio die niet bestaat? Waarom kunnen de rechten niet bij de Nieuwe Post nv liggen? Of rommelen ze maar wat aan, zoals met de zegels van de Koningin?

Waarom verdwijnen de meeste Antilliaanse zegels in de handen van een Nederlandse handelaar? Overigens diezelfde handelaar waarmee de Nieuwe Post nv die 'deal' heeft gesloten! Nu is ontwerpen - copyrights - drukken – verkoop alles in handen van een persoon! En zo hebben onze Antilliaanse zegels al geruime tijd totaal geen waarde meer.

Zijn het geen Antilliaanse zegels waar wij trots op behoren te zijn? Ik laat het over aan minister Adriaens die in een onderhoud met mij beloofde een onderzoek te starten bij Nieuwe Post nv over vele zaken aldaar.
Vandaar verder geen commentaar en geen verdere reacties in de kranten.

We hebben geduld, we wachten al 25 jaren op een recht-vaardige behandeling en betaling van ons ontwerpers.

Toelichting

Na dit stuk werd het stil, want de Posterijen wisten dat alles onder één man in Nederland viel en dat wij, ontwerpers, met 500 gulden afgescheept worden! Waar blijft het geld? Na verloop van tijd belde ik heer Adriaens weer op en hij vertelde me dat een Nederlands onafhankelijk accountants bureau de gehele zaak gaat doorlichten. *'Het kan even duren maar de onderste steen komt boven'*, waren zijn woorden. Goed, dit was in ieder geval een van de zaken die vrij snel zijn weg ging in de goede richting door toedoen van dat ingezonden stuk.

Ondertussen was een van onze politieke pionnen weer actief geworden en kreeg ik een tip over de vliegtuigmaatschappij GOL. Het ging over het tegenhouden van vergunningen door onze politieke heren in het veld, met name heer Adriaens. Het stuk had ik geschreven en kreeg na het lezen meer informatie van die pion nog waarbij ik met meer details kon komen. Op dat moment drong het niet tot me door wat er werkelijk gaande was maar dat vertel ik u wel nadat u dit stuk gelezen hebt.

Ingezonden Februari 2009

Ze vliegen (niet) weg

Soms vraag je af, als simpel mondige burger, hoe het komt dat dit eiland maar niet werkelijk van de grond wil komen. Dan plotsklaps kom je dit persbericht tegen:

Verkeersminister Maurice Adriaens van de Nederlandse Antillen is niet van plan om de wet te wijzigen ten gunste van de Braziliaanse prijsvechter Gol. Volgens het Antilliaans Dagblad zou Gol graag een basis willen openen op de luchthaven Hato op Curaçao, maar is daarvoor een wetswijziging nodig. Adriaens zegt voorstander te zijn van de komst van Gol naar Hato, maar dan zou de budgetmaatschappij een samenwerking moeten aangaan met de lokale maatschappijen DAE en Insel Air.

Dan is de vraag, wat wil Gol?
Zij willen een springplank voor vluchten naar in ieder geval New York JFK. Het vliegveld van Curaçao dient in die situatie als tussenstop op vluchten tussen Rio de Janeiro en de Amerikaanse metropool.

De vloot van Gol:
Gol is van plan om enkele Boeing 737-800's op Curaçao te stationeren die absoluut niet rendabel zijn voor korte vluchten!

De vloot van Insel Air:
De vloot van Insel Air bestaat uit een MD-83 en twee Embraer 110 Bandeirantes en een MD82.

Personeel werven bij Insel Air:
Insel Air, zichzelf verkopend als zijnde een patriottisch bedrijf en pretendeert personeel lokaal aan te trekken, maar ondertussen vacatures in het buitenland plaatst.

Aeroprofessional Ltd 17 February 2009 13:21:23
(Start Date: TBC) Vacancies for FAA EMB110(Banderainte)-rated
Captains. 2000 Hours Total 500 Hours in Command on Type

TSA Cleared EMB110 Rating on License Requirements Short Term Contract FAA ATPL Current On Type Min: 500PIC on Type EMB110 Rating on License Required Variable Roster Job Role: Captain / Job Role: Pilot I

Twee vacatures zijn bij navraag opgevuld door buitenlanders!

Personeel en sollicitaties bij GOL:
Deze worden grotendeels geworven op ons eigen eiland Curaçao. Werk voor vele mensen in de hangar, onderhoud en service. Ook krijgen de lokale piloten en cabine personeel weer kans om aan de slag te gaan. Miljoenen aan investering, mensen aan het werk, eigen loodsen en inkomsten van jaarlijks minimaal 10 miljoen voor onze eilandskas!

Nu kan dit alles niet doorgaan omdat onze wet dat niet toelaat. U weet een wet veranderen op ons eiland kan binnen enkele dagen, maar kan ook eeuwen duren! Onze minister is het in ieder geval niet van plan dat in enkele dagen te doen.

Ondertussen weert onze nationale trots onze werkeloze piloten die alsmaar afgewezen worden en toe moeten zien dat buitenlandse collega's op hun plaatsen komen. Waar is nu onze Antilliaanse trots, heer Adriaans? Wie beschermt u nu werkelijk? U wilt geen investeerders die met onze eigen mensen willen gaan werken. U laat wel toe dat een Antilliaanse vliegmaatschappij mensen uit het buitenland zet op plaatsen die gemakkelijk opgevuld zouden kunnen worden door lokale mensen! Waar gaan we naar toe op dit eiland? In ieder geval niet samen de lucht in.

Toelichting

Na het herschrijven van het eerste stuk met het samenweven van de 'meer' feiten in het geheel, kreeg ik deze mail van een van onze politieke gasten;

Mail
Subject: RE: Dit is ie dan
Date sent: Mon, 23 Feb 2009 22:49:11 -0400

Wow! Dat is een zeer pika stuk!
Heel goed onderbouwd. Daar kunnen ze echt niet omheen. Teveel feiten.
Als je het al opgestuurd hebt naar de kranten zet ik het ook op de site. Laat me even weten. Als Maurice bij mij komt zeuren als coalitiepartner, beroep ik mij op vrijheid van meningsuiting van mijn gasten op de site.
Hihihi.

Toelichting

Langzaam maar zeker was het duidelijk waarom ik zo interessant was voor deze partij en voor het geheel van de kant van de coalitie. Hoe is het mogelijk dat je zo je eigen coalitiepartners een hak zet en zo met elkaar omgaat. Ondertussen reageerde het Algemeen Dagblad middels een telefonisch gesprek en kreeg ik deze mail

Mail
Subject: RE: Ze vliegen (niet) weg
Date sent: Tue, 24 Feb 2009 10:54:04 -0400

Meneer Baselmans,
Naar aanleiding van ons gesprek net. Kunt u mij onder meer de
vacature van Insel Air doorsturen? Alvast heel erg bedankt. Ook
dank voor de aanvullende informatie.

Toelichting

Alle stukjes begonnen in elkaar te vallen en kwam ik op het punt wat ik al lang vermoedde, want wat gebeurde er? Het Algemeen Dagblad plaatste het stuk niet! Reden werd me nooit verteld. Kort daarna werd me duidelijk toen ik de connectie Heereveen – AD doorkreeg via een gesprek met een kennis. Duidelijk werd dat hier een spel werd gespeeld. Vreemd genoeg verdwenen de verschillende advertenties van de internetpagina, al zeer snel toen er een stukje over deze zaak verzonden werd naar het Algemeen Dagblad!

Uit een gesprek later bleek dat onze politieke pion onder een valse naam dit allemaal aangekaart had bij het Algemeen Dagblad maar zonder resultaat. Toe probeerde die persoon via mij dit opnieuw aan te zwengelen. Amigoe plaatste het stuk meteen en de bal ging rollen. Althans voor onze persoon. Dat bleek uit deze mail

Mail

Subject: Re: somsssssssss

Date sent: Wed, 25 Feb 2009 19:33:13 +0000

Hahahahaha je hebt me weer in ieder geval weer even wakker gemaakt. Joh je hebt ze allemaal op been gebracht, want ze zijn geschrokken. De manier waarop je, je info in je stukken verwerkt is te zuiver en dan komen vragen van de Staten (die de baas is van alle ministers) en dat kan hij niet hebben natuurlijk. Je bent echt goed bezig. In die zin, dat je met je stukken op dit moment echt wat aan het bereiken bent. Vroeger was het meer van ach daar heb je hem weer, maar nu kunnen ze er niet omheen. Ik lach me dood want ik zie hoe ze rondlopen hier met wespen in hun broek!

Het gaat echt goed man! We zijn echt beetje bij beetje de mensen aan het wakker schudden en aan het werk aan het zetten.

Toelichting

Het werd van kwaad tot erger want wat bleek, ik werd duidelijk gebruikt om stukken te schrijven in het voordeel van de 'Ja' campagne! Kost wat kost werden de eigen coalitiepartners aangepakt en ook zij werden dus niet gespaard. Ongelofelijk dat dit mogelijk is en dat je dat doet met mensen met wie je zgn. werkt. Soortgelijke gevallen werden ook uitgebracht om andere partners een hak te zetten maar het ging verder.

Op een gegeven moment verscheen er een krantenartikel met zgn. vol leugens van de heer Demei en kreeg ik in een volgende mail de opmerking te lezen;

Mail
Subject: Re: Lees dit even svp
Date sent: Fri, 27 Feb 2009 22:00:10 +0000

Segundo is een oud vies mannetje die wij eruit hebben geschopt. Ik zal je erover later inlichten.

Toelichting

Zo, dat was voor mij die druppel die de emmer al aardig liet overlopen. Vies mannetje of niet, zo wordt dus gedacht over burgers. Ik ging aan het schrijven, dit maal op de website waar ik zowel de coalitie als de oppositie vragen ging stellen.

Vreemde geluiden 2

Nu we 15 mei naar de stembus kunren gaan om een 'ja' of een 'nee' te stemmen komen er vreemde geluiden van Nederlandse zijde

Mevr. Bijleveld stelt; Als we 'nee' stemmen dat de schuld-sanering ook stop gezet wordt! Afpersing is dat in mijn ogen omdat er hier twee dingen kwaadwillig door elkaar gehaald en misbruikt worden. Enerzijds is er een schuldsanering waar we momenteel als eiland Curaçao aan voldoen en zo de sanering reeds begonnen is en anderzijds hebben we onze autonomie en zijn nieuwe structuur waarvan het proces in volle gang is en waar wij een oordeel over moeten geven 15 mei.

Hoe is het mogelijk dat Nederland ons gaat intimideren en zelfs afpersen om 'ja' te stemmen anders gaat de geldkraan dicht! Hoe kunnen twee dingen zo tegen elkaar m sbruikt worden? Voor mij duidelijk een voorbeeld van afpersing en het misbruiken van macht. Is aangifte mogelijk?

Toelichting

Het stuk werd veel later geplaatst wegens tijdgebrek maar bij het overhevelen naar een andere site was het in een keer verdwenen. Ik ontving de volgende mail als verklaring.

Mail
Subject: Re: Waarheid?
Date sent: Sat, 28 Feb 2009 15:07:05 -0400

Thanks. John.
Ik zal het ook op de site plaatsen. Persoonlijk en vanuit de politiek,
denk ik dat de PAR nadelige effecten hiervan zal ondervinden.

Ik denk dat het effectiever zou zijn om iets te pakken en dat correct
te onderbouwen zodat ze jou echt aanhoren en vragen gaan stellen.

Dit stuk zal Schotte, Wiels en Cooper juist tegen ons gaan
gebruiken, terwijl ZIJ juist die dingen doen die je vermeld en aange-
pakt moeten worden.

Ook zet je alle zaken op een lijn waarvan enkele inderdaad
een overheidsaangelegenheid zijn maar anderen zijn privé aange-
legenheden waar de overheid niets mee kan doen. Begrijp me niet
verkeerd, je doet er goed aan ze allemaal te melden, maar ik denk
dat je effectiever was geweest door bepaalde zaken apart te behan-
delen en op een andere manier te beschrijven. Je hebt het gemerkt
dat als je een ding oppakt er gelijk reactie op komt. Maar nu heb
je ons als de regering een pak slaag gegeven terwijl de boeven in
de oppositie die niet in de overheid zitten, juist terreinen aan het
weggeven zijn en andere rotzooi aan het uithalen zijn. Schotte werkt
bij DROV (uitgifte terreinen) Cooper werkt bij PDVSA (roestbak) en
zo werken de meeste van de oppositieleden als hoge ambtenaren
ergens anders waar ze hun zaken aan het regelen zijn buiten de
regering om. Dus veel zaken die je nu aangeeft die correct zijn

overigens, worden door mensen gedaan die geen deel uitmaken van de huidige regering maar je hebt de huidige regering op zijn sodemieter gegeven en de echte corrupte lui zullen alleen maar blijven lachen. Dit stuk heeft ze eerder geholpen dan geschaad. Ik voorzie dat ze dit gaan gebruiken om de PAR mee te slaan en ook zullen ze dit gebruiken om een NEE te verkopen om van de PAR af te zijn die hun alleen maar tegenhoudt om ergere zaken te kunnen regelen. Want wat er ook gebeurt, de huidige regering is volgens de oppositie en de burger altijd de PAR. Zodra zij ons weg hebben gewerkt, is het hek van dam. Haïti.

Maar je hebt het al verstuurd dus laat maar gaan. Volgende keer.

Toelichting

Het werd keer op keer duidelijker dat ik gebruikt werd door deze politici en hun pionnen om zo, niet objectieve informaties naar de burgers toe te spelen. Liefst zouden ze mij censuur op willen leggen maar dat is in een zgn. democratisch land niet mogelijk.

Nu zet ik toch al vele vragen bij de democratie hier want als de pers, zoals kranten en TV onder machtige heren en hun politieke partijen vallen, wat kan er nog gesproken worden over een democratie? Die is er niet en dat is in de vele jaren wel duidelijk en zeer vele malen bewezen geworden. Duidelijk werd alles tijdens het referendum waar je werkelijk de vele kranten bij verschillende partijen kon plaatsen en waar alsmaar de burger verziekt werd met onjuiste informatie, betaald door de maffia.

Zowel de oppositie als de coalitie waren van hetzelfde laken een pak en deden niet voor elkaar onder. Ze bestookten elkaar met laag bij de grondse beweringen en schroomden niet om tot diep in de beerputten te grijpen. Zelfs hun eigen politieke partners werden, indien nodig, door het slijk gehaald.

Op een gegeven moment bleek dat in een gesprek duidelijk en werd er gezegd, dat in ieder geval mijn stukken wel altijd geplaatst werden. Zo kon ik goed mijn ideeën en mijn zienswijze verkondigen! Ja natuurlijk, ik was in hun ogen wel misschien ook te manipuleren en te gebruiken!

Ik stuurde direct een mail terug die als volgt ging.

Mail
Subject: Antwoord
Date sent: Sat, 28 Feb 2009 20:55:39 -0400

Bedankt voor je lange mail.

Voordat ik verder daarop in ga, laat me even iets heel goed duidelijk maken aan jou en alle PAR leden en overigens de gehele politiek.
- *John Baselmans schrijft voor geen een partij en is ook niet gebonden aan een partij.*
- *John Baselmans signaleert en hoort de dingen van de burgers aan en van zijn mensen om hem heen.*

-    *John Baselmans is iemand die zeer veel heeft meegemaakt en momenteel voelt, ziet en weet wat er gaande is in het leven.*

Ok, voor zo ver wie ik ben.

Gaan we over naar je mail.
Het ingezonden stuk "Nu" hoef je echt niet te plaatsen op je site. Je bent vrij wat te plaatsen of niet en zeker is het dat je geen dingen, dat jij meent tegen je partij zijn, zal zetten. Het stuk over mevrouw Bijleveld was alleen bedoeld omdat je dan op kan reageren en jullie zienswijze naar buiten kan brengen. Maar ook dat laat ik aan jou over.

Over "iets te pakken en onderbouwen om mij aan te horen en vragen te stellen" het volgende:

Al mijn stukken zijn waarheden, zijn onderbouwd door jullie eigen burgers die jullie als regeerders NIET aanhoren. Vragen worden er me niet gesteld omdat ik als een Jan Joker gezien wordt door diegenen die zich bedreigd voelen en weten dat het op hen slaan. Vanuit de bevolking krijg ik de juiste response en ook alle informatie die nodig is om te schrijven. Komt er nog een zeer belangrijk punt bij en dat is dat ik een kunstenaar ben, zoals je weet, en die hebben doorgaans een extra gave. Ik laat je raden welke gave dat is.

De punten die niet correct zijn;
Gouverneur, ik heb de takenlijst van hem, ook heb ik zijn "complete reglement voor de Gouverneur".

Ik heb zeer veel samengewerkt met heer Romer en heer Saleh en deze mensen hadden karakter en deden werkelijk achter de schermen veel werk voor de burgers. Onze huidige Gouverneur is gewoon handjes aan het schudden! Iets wat alsmaar ook te zien is bij deze regering.

Met de huidige politici bedoel ik, ALLE politici die momenteel aan het gehele circus mee spelen. Een land wordt toch geregeerd door een coalitie en een oppositie? Zo is het in alle vrije landen toch? Maar kennelijk is het hier op dit eiland anders! Maar "wie de schoen past trekt hem aan"!

Waarom zouden heren Wiels, Cooper en Schotte dit stuk tegen jullie gebruiken? Zijn jullie bang? Is het waar? Kom met voorbeelden, dat het anders is en dat de PAR, PNP en FOL WEL voor het volk NU bezig zijn. Helaas .... het enige wat er NU gaande is is dat heer Godeth verder zijn zakken aan het vullen is en een mevrouw Romer PNP zich overal in wringt om louche corrupte zaken wettelijk door te laten gaan.
(Geen loze kreten bewijzen heb ik). Emily is hier van op de hoogte maar jullie spelen allemaal mee.

Natuurlijk zet ik alle zaken op een lijn! Wat doen jullie NU voor ons burgers. We zijn niet beschermd en vele gaan NU DOOD door jullie laksheid!

Nee, de overheid kan niets doen als ze niet willen. Jullie zijn toch de baas, waar zijn jullie wetten en regels. Laat me niet lachen, jullie beschermen zelf vele corrupte mensen en zaken maar die van een ander zijn natuurlijk erger.

102

Ik heb jullie als ALLE politici een pak slaag gegeven omdat jullie het volk laten verkommeren en zelf maar groot en geweldig lopen doen.

Nog steeds is er die ene vraag;
WAT DOEN JULLIE NU VOOR ONS BURGERS?

Hoe ik dingen beschrijf is duidelijk, recht voor zijn raap en begrijpelijk voor iedereen! Geen omdraaiingen, geen mooie woorden en daarom worden mijn stukken door zeer velen gelezen en word ik alsmaar gebeld door het "gewone volk"!

ISLA; op welke plaatsen, zitten vele van jullie, vanuit de coalitie? Waarom hoor je niet zelfs een PIEP van jullie. Laat me niet lachen, jullie zitten te wachten op de olie, de olie waar ik een compleet dossier van heb, die er bestaat en waar o zo geheimzinnig over gedaan wordt!
Natuurlijk geef ik de huidige regering ook op hun sodemieter omdat ze NIETS doen laatste jaren, NU voor de bevolking!! Nogmaals ik ben geen PAR lid en geen lid van welke partij dan ook! Ik ben een verontruste burger die weet en ziet dat de gehele politiek alleen de burgers nodig heeft om te stemmen en dan zijn ze weer 4 jaren onder de pannen! De politiek die gewoon een circus is en een complete farce. Hier op het eiland lijkt de politiek meer op een soap opera.

Laten we eerlijk zijn, welke politici hebben nu werkelijk hun diploma's en hun kennis om goede politiek te voeren? Velen kunnen niet discussiëren, niet behoorlijk schrijven laat staan beslissingen nemen!

We praten allemaal over mensen die misschien eens voor de klas hebben gestaan, hard kunnen schreeuwen of geld kunnen uitdelen. Dat zijn de politici van de laatste jaren.

Haïti is en kan niet! Dat weten jullie ook, of geloven jullie zelf jullie eigen leugens? Als er een "nee" is dan zou een werkelijke regering gaan praten met IEDEREEN en niet dreigen met aftreden. Daar zie je nu het peil van onze politici. Dreigen en huilen en paaien als er stemmen gehaald moeten worden.

Jip, het is verstuurd naar vele kranten en als jullie nu echt sterk staan tonen jullie aan wat jullie WEL voor de bevolking gedaan hebben. Helaas kunnen de mensen om me heen niet veel opnoemen wat de huidige politiek WERKELIJK doet voor ons burgers.

Nogmaals ik ben een vrij mens, heb een uitgesproken mening en ben voor niemand bang. Een leven is niets meer dan een dag voor mij en als mensen menen die dag te moeten verpesten laat ik ze gaan.

Het zou eens goed zijn, dat alle politici hoofdstuk 2 van mijn nieuwe boek lezen: "Moderne slavernij in het systeem". Dan pas zal er heel misschien een belletje gaan rinkelen bij deze mensen.

Als antwoord kreeg ik deze mail terug;

Mail
Subject: RE: Antwoord
Date sent: Sat, 28 Feb 2009 22:57:24 -0400

Bedankt voor je email.
Ik moet zeggen dat je aardig gepikeerd reageert op een beetje kritiek van mijn kant. En dat terwijl ik je nog gelijk gaf, alleen de manier waarop had naar mijn mening anders gekund. Ik ken je lang genoeg om te weten wie je bent en waar je voor staat en waar je ook geen lid van bent. En in ieder geval ben ik iemand die nooit anderen heb gezien als Jan Joker en zeker niet jij, die ik altijd respecteer.

Door tijdgebrek ben ik vanavond pas weer op de site bezig. Het stuk over Bijleveld had ik al geplaatst en een reactie op gezet. Ik had je toen al aangegeven dat het een goede opmerking was van jou kant. Dus daar hoeven wij verder niet over te discussiëren want het stond er al op sinds de vroege avond.

Dat je alle politici over één kam scheert vind ik gewoon jammer, want er zijn genoeg die wel degelijk iets doen voor het volk. Dat je van mening bent dat wij nu niets aan het doen zijn is jouw mening en die mag zo veel en zo vaak geuit worden als je wilt. Het gaat ook allemaal daar niet om.

Je hebt het over ALLE politici, dus ik ben er ook bij. Dat je mij dan ook corrupt noemt, laks en een beschermer van louche zakenlieden, groot speel en geweldig loop te doen etc. etc. vind ik heel erg, maar ik heb brede schouders en kan veel hebben.

John, je bent een kunstenaar, een intelligente man, eerlijk en zeker iemand die niet tegen onrechtvaardigheden kan maar met betrekking tot de politiek heb je in ieder geval niet de juiste informatie. Nergens ter wereld wordt een land geregeerd door een coalitie en de oppositie. In een democratisch stelsel is het altijd de meerderheid van stemmen die regeren. Daarom vormt men ook een coalitie om die meerderheid te krijgen. De oppositie kan in sommige gevallen vaak wel meedoen door vragen te stellen en te proberen het proces goed te laten verlopen, maar het kan ook zoals hier gebeurd, dat de oppositie een positie inneemt dat lijnrecht tegenover alles gaat van de coalitie. Ze komen nooit naar Centrale commissie vergaderingen waar je wat kunt bespreken, maar alleen naar publieke vergaderingen die op de radio worden uitgezonden. En zo kan ik uren doorgaan. Het ambtelijk apparaat dat ter ondersteuning is van de politiek, is waar de meeste corruptiepraktijken plaatsvinden. Als je nou eilandsraad leden, die bijna allemaal part-timers zijn om zodoende veel meer te kunnen verdienen in het ambtelijk apparaat, in het ambtelijk apparaat hebt zitten wordt het pas echt interessant.

Jammer dat je niet begrijpt dat als een nee komt wij moeten afstappen. Je kunt mij toch niet vertellen dat ik mijn levenswerk die ik net heb afgeleverd, niet door jouw wordt geaccepteerd, en ik moet doodleuk weer in jou opdracht opnieuw opstarten, jaren terug gaan in de tijd en opnieuw opstarten met onderhandelingen terwijl de andere eilanden wel doorgaan en ons alleen achterlaten. De andere eilanden hebben tenminste wel ingezien dat het nu of nooit is. Maar wij, we hebben alle tijd.....

Nogmaals, bedankt voor je email. Het was duidelijk en heeft mij het e.e.a. goed laten beseffen over mijzelf.

106

Toelichting

Natuurlijk waren de stukken geschreven onder een vrije wil maar ik vond het werkelijk laag bij de grond dat er gemeend werd dat ik alsmaar voor een partij zou schrijven. Terwijl ik me nog nooit heb willen verenigen met een of andere politieke partij. Daar ik werkelijk zie dat de politiek een vuil gedoe is en een beerput die nog erger stinkt dan welke vuiligheid dan ook. De bewering dat het iets tussen die persoon en mij is, is het kruipen wat vele politici doen. 'Punten scoren' was eens een uitspraak via de telefoon, iets wat later ook nog eens ontkend werd. Verder blijft men alsmaar over hebben dat ik weinig verstand heb van de politiek. Wel is het vreemd dat, als ik de taakomschrijvingen lees van politici en een Gouverneur, ik het dan mis heb als ik deze mensen daarop wijs. Maar dat klopt allemaal in het geheel, namelijk om interessant te doen en vervolgens te menen dat alleen zij de complexe materie begrijpen. Materie die zo complex gemaakt is door hen, dat ze werkelijk door de bomen het bos niet meer zien. Steeds meer kwam er naar buiten dat wij werkelijk domme mensen zijn die als schapen achter hen aan moeten lopen en geloven wat er ons voorgeschoteld wordt! Wij begrijpen niet en zij zijn het intellect! Maar niet bij één van hen gaat een belletje rinkelen of het wel eens andersom kan zijn! Puur omdat zij de weg kwijt zijn en ze zich in laten palmen door de maffia, puur omdat ze verder niet nadenken en gemakkelijk te manipuleren zijn! Bewijzen ten over en laten we maar de mail even terug lezen. Een gestudeerd, wel geïnformeerd persoon trekt niet alles naar zichzelf toe maar wat ziet u in deze mail, alles is in 'ik' vorm en een afsluiting dat deze persoon nu meer van zichzelf weet! Is dat intelligentie? Wel kunt u dan weer ineens lezen dat 'het' samen met zijn collega's zijn!

Als ik gebruikt word in een vuil politiek spelletje, ben ik daar niet van gediend. Ik heb daarom nog even de proef op de som genomen en het volgende stuk geschreven, wat later geplaatst werd door het Algemeen Dagblad en waar de Amigoe zich van distantieerde puur omdat het te aanvallend was naar hun partij toe.

Ingezonden Februari 2009

NU

Ik vraag me af. Wat doet onze huidige regering "NU", momenteel, vandaag, voor ons burgers? We zien onze leiders en politici alsmaar op foto's met "arme kindertjes of geweldige projecten" die overigens veelal door particulieren gerund worden. De Nederlandse politiek blijft alsmaar de bal terugkaatsen met als smoes "dat het een binnenlandse aangelegenheid is". Ook onze Gouverneur heeft het kennelijk moeilijk om beslissingen te nemen.
Maar ondertussen;
-     Stijgen de prijzen in de supermarkten, benzine en bouwmaterialen tot criminele hoogtes!
-     Blijken banken je inleg niet meer contant in huis te hebben om uit te kunnen betalen!
-     Worden vele stukken land ons afgenomen en mogen wij als burger niet meer op vele plaatsen van het eiland komen!
-     Zijn er vele duistere praktijken rond; projecten, nv's, en overheidsinstanties!

- Rij je op openbare wegen die meer op een gatenkaas lijken!
- Liggen mensen te creperen van de pijn daar medicijnen niet meer vergoed worden!
- Zijn er onmenselijk lange wachtlijsten bij specialisten voor de niet cashbetalers!
- Worden mensen behandeld als slaven en uitgebuit anno 2009!
- Hebben de virussen, bacteriën en orgedierte de macht overgenomen in ons ziekenhuis.
- Verblijven er vele mensen onverzekerd op dit eiland!
- Zijn monopolistische bedrijven bezig elke burger op dit eiland uit te zuigen!
- Worden mensen dagelijks bedreigd door de maffia terwijl noch OM, justitie of politie opkomen voor deze burgers! En is er duidelijke klassenjustitie!
- Worden vele mensen vergiftigd door een roestbak als de ISLA waar ook nog politici aandelen in hebben!
- Zijn er werkelijk grote "maffia" zakenlieden die met hand en tand verdedigd worden door de huidige politiek!

Blijft mijn vraag:

Wat doet onze huidige regering/politici NU?

Wat hebben we aan een beter toekomst als we die hoogst-waarschijnlijk niet zullen halen. Wat hebben de burgers aan miljarden als ze morgen zullen sterven van de pijn, honger of aan een vergiftiging? Dit overigens allemaal op NEDERLANDS grondgebied!

Vindt de huidige regering gek dat de mensen het zat zijn te horen "Dat het later goed gaat komen". Wat later? Welke morgen? Die is er voor vele mensen NU al niet meer!

U bent verbaasd dat er momenteel 25 gulden uitgedeeld wordt om op "nee" te stemmen. Ik niet, deze mensen willen vandaag eten, morgen is er misschien niets meer voor hen. Alle tekenen zijn daar ook naar, want we hebben een regering die duidelijk niet NU werkt maar liever in de publiciteit wil komen om "punten" te scoren.

Ik wacht op het antwoord van de huidige regering op de vraag; Wat doet u als regering vandaag, NU, voor ons burgers? Regeren is vooruit zien maar wel NU handelen!

Toelichting

Wat wordt er de door de politiek voor de bevolking werkelijk gedaan? Nu, op dit moment! Dat was de vraag die ik stelde.

Helaas kunnen weinig mensen, noch de politiek weinig of niets zinnigs opnoemen en ik werd ook op een gegeven moment aangevallen door een speelbal van onze grootste partij want nu was er in een keer een 'ons'.

Ik kreeg het volgende antwoord, overigens in een kwade bui geschreven en erg emotioneel.

Mail
Subject: Re: Antwoord
Date sent: Sun, 1 Mar 2009 04:03:26 +0000

Ik zal je eens een keer na de referendum wat cijfers opsturen van wat er achter de schermen buiten politiek om wordt gedaan door ons.

Er zijn diverse stichtingen opgericht (huizenreparaties, hulp aan armen etc.) door Emily die per jaar:
Honderden voedselpakketten uitdelen aan de meest armste mensen hier op het eiland. Ik heb persoonlijk 150 goed gevulde kerstpakketten vol langdurige goed te bewaren etenswaren rondgebracht bij de ergste van het ergste in armoede.

Tientallen huizen repareren op jaarbasis van mensen die of gehandicapt zijn of geen inkomsten hebben en wonen in huizen zonder daken of muren.

We hebben honderden huizen/krotten weer aangesloten op het water en elektranet doordat ze schulden hadden en leefden onder onmenselijke omstandigheden.

Vergunningen geregeld, plaatsing voor kinderen op scholen, schooluniformen aan arme kinderen gegeven, ontzettend veel werklozen aan werk geholpen, sportartikelen aan buurtcentra gegeven, computers aan studenten die het niet konden aanschaffen, consolidatie van schulden geregeld bij banken voor mensen die hun schulden niet meer aankonden, kindervoogdij voor mishandelde kinderen geregeld en plaatsing in internaten zodat ze weer naar school konden en een betere kans krijgen, medische verzekeringen voor mensen die in het ziekenhuis lagen die niet verzekerd waren, medicijnen voor armen, schoolboeken voor arme kinderen, schoenen om naar school te gaan, we geven gratis cursussen aan mensen op het gebied van: hoe ga je met je weinig geld om, opvoeding, bijlessen, verslavingen en zo kan ik nog lang doorgaan.

En dit alles gebeurd met gelden van privé donateurs en instellingen die niets te maken hebben met politici en/of de overheid. Wij doen het allemaal samen en vrijwillig om op die manier ons steentje bij te dragen.

Dat zijn dezelfde mensen inde politiek of commercie die je dagelijks ziet of hoort die totaal andere dingen doen, maar in alle stilte daadwerkelijk en concreet wel degelijk iets doen aan het verbeteren van de welzijn. Dit wordt niet gedaan om anderen te laten zien dat wij goede dingen doen en daarom weet niemand het, maar dit doen wij omdat wij heel erg bezorgd zijn voor de mensen om ons heen.

Ik hoop trouwens dat dit niet uitlekt, want dit hoeft echt niemand te weten, want het gaat niet om complimenten te verzamelen of om te kloppen op onze borst hoe goed we zijn. Het gaat om de hulpbehoevenden!

Al die mooie stichtingen die elke keer in de krant staan dat ze een huis hebben gerepareerd, in de tussentijd dat zij staan te lachen voor de kamara hebben wij weer 2 huizen in alle stilte afgemaakt met aannemers die gratis werken etc.

En ik durf keihard te zeggen dat wij zelfs veel meer doen dan de gemiddelde hulpverlener, gezien de cijfers en het aantal opgeloste files die op de planken liggen bij ons.

Er gebeurd vanuit de politiek weldegelijk heel veel positiefs om je heen zonder dat je het weet John. Er zijn ook enkele goeien ertussen.

Toelichting

Duidelijk een gefrustreerde reactie die mij nog niets duidelijk maakte wat de politici, annex regering, annex bestuurders WERKELIJK doen voor het volk. Wel staan ze regelmatig in de krant voorop, waar deze persoon opsomde hoe goed enkele mensen van een partij zijn. Maar wat doen onze politici als regeerders in het algemeen werkelijk voor ons burgers nu en op lange termijn? Niet als persoon! Daar had ik het niet over. Ook die handelingen waren me grotendeels bekend.

Onze ziekteverzekering is nog steeds niet geregeld, mensen sterven vroegtijdig door de lakse houding van onze minister van gezondheid! Mensen in pijn liggen te creperen op kartonnen dozen omdat het 'bisschoppelijk ziekenhuis' weigert hen te helpen. Ook de grote armoede, onderstand en ga zo maar door, blijft kunstmatig in stand gehouden worden door onze bestuurders. Want, wat heeft de maffia aan allemaal rijke mensen die niet in de fout willen gaan door met wat drugs te lopen of te verhandelen? Je hebt een zieke maatschappij nodig, wat je ook ziet in Haïti, waar mensen radeloos zijn en zo kruipen om aan geld te kunnen komen. Wat lost dan wat huisjes opknappen op? Wat lost een voedselpakket op als de regering de mensen systematisch uithongert of zelfs uitmoordt via bv. een ISLA? Ook daar hebben we het bewijs dat onze regeerders niets aan doen daar het al te goed is dat zeer grote groepen mensen dagelijks vele medicijnen nodig hebben om te overleven.

Ook een van onze grootste maffia is wel de medische wereld waar artsen elkaar beschermen en nieuwe artsen niet toelaten. Maar waar ook dagelijks vele mensen sterven omdat ziekenfondsen geen geld krijgen van een BC dat WEL het geld int elke maand bij de vele mensen maar niet afdraagt! Toen ik dat eens aanhaalde bij de bewuste minister en dat er op die manier gestolen werd van de burgers, plofte deze minister bijna. Het is en blijft stelen van de burger als je premie afneemt van iemands pensioen en dat niet afdraagt aan het fonds dat de ziektegelden moet regelen. Oplichting en stelen is iets waar ik al bij het OM heb aangeklopt, overigens tot op heden zonder resultaat want ook zij zijn o zo bang dat deze beerput opengetrokken gaat worden. Het is in de jaren lang hiervoor al gebeurd waar bij SVB gelden met miljoenen verdwenen en waar heer Sybrandy regelmatig over schreef. Helaas heeft deze man nooit gehoor gekregen en het geld is weg, voorgoed, voor altijd!.

Terugkomend op de emotionele mail schreef ik het volgende antwoord;

Mail
Subject: Re: Antwoord
Date sent: Sun, 01 Mar 2009 08:27:08 -0400

Je kent me al vele jaren en je weet ik werk zeer veel met gevoel. Ik geloof niet dat ik gepikeerd reageerde en zeer zeker was het niet de opzet om jou op de kast te krijgen. Wat ik schreef wat er mij alleen deze week allemaal op mijn weg kwam in gesprekken met vele mensen.

Ik heb gezien dat je een antwoord geplaatst heb en heb het vluchtig gelezen bij het stuk Bijleveld maar een ding viel me wel op en dat was de regel "Kreten zoals; afpersing, dreigementen, machtsmisbruik etc. horen niet thuis in deze discussies". Kijk een ding is kennelijk niet doorgedrongen in jullie kamp. Omdat wij als burgers geen antwoord krijgen en kregen in het verleden, zijn deze kreten wel ontstaan en bevestigd geworden op de manier er te werk ging. Om woorden uit te bannen uit een discussie accentueer je het nog meer als in plaats een tegendeel te bewijzen.

Nu pas krijgen wij burger mondjesmaat en zelf erg eenzijdig politiek getint informatie. Informatie die de huidige coalitie uit komt. De minuut dat er "moeilijke" vragen komen dan wordt dat als een aanval gezien of boycotten. Dat geeft het bewijs dat de politiek op de Antillen gewoon kinderspel is. Werkelijke discussies kunnen niet gehouden worden want iedereen trekt het persoonlijk naar hem toe. (zie je laatste mail).

Laat me nogmaals proberen duidelijk maken dat ik niet alleen MIJN mening geschreven heb in de laatste mail.
Het was een opsomming wat er ONDER HET VOLK speelt.

Dan komt erbij dat ik later van je nog een mail kreeg wat er allemaal gedaan is door jullie. ...... ik vraag niet om een scorelijst! Dat er een huisje hier en een kamertje daar wordt opgeknapt of geld geregeld. Mijn vraag is nog steeds Wat doet de huidige regering, en volgens jou stuk is dat ik citeer "de Curaçaose regering (Oppositie en Coalitie)" (overigens er bestaat geen Curacaosche regering, wel een Antilliaanse regering) voor ons burgers?

Ik vraag niet om partij of persoonsgebonden projecten, geld geven of opknappen. Ik vraag wat de regering (Oppositie en Coalitie) doet voor ons burgers?

Als er niet ingegrepen wordt bij de ISLA en als de ziekte verzekering, en zo kan ik een waslijst opnoemen, alsmaar op de lange baan geschoven wordt dan doet de regering dus NIETS voor de burgers. Maar als een project van bv de heren Schrier, Halabi geaccordeerd moet worden dan kan dat in enkele weken!!! Als burgers met de dood bedreigd worden of bedreigd worden dat hun huis afgebrand wordt en ze doen aangifte bij OM, PR en bij de Gouverneur en minister President dan wordt er NIETS gedaan. Heeft onze minister president een slechte dag en ze voelt zich bedreigd dan staan er meteen 5 mensen om haar heen te kijken!

Kijk .... en dat zien de burgers, voelen de burgers en dat is wat er in de WERKELIJKE niet politieke wereld speelt op dit eiland.

116

Wij burgers zijn een Jan Joker, wij burgers zijn een speelbal en wij burgers zijn een NIET! Alleen als er stemmen gehaald moeten worden dan beseft de politiek in eens dat we nog bestaan.

Een levenswerk is pas een levenswerk als je het AFMAAKT en je door dik en dun gaat! Ik ben ook met een levenswerk bezig erger nog ik heb er 4 op mijn hals genomen en ik zie ze nog niet af, vecht er dagelijks voor en ben dagelijks bezig om mijn doelen te bereiken. Maar als het mij even niet lukt dan ga ik het niet dumpen maar ga ik er juist harder voor vechten en zien wat er fout ging. Het is de manier je het ziet als je een "nee" krijgt, dan is het misschien eens goed WAAROM je die "nee" kreeg! Het is niet naar "mijn pijpen dansen" of "doodleuk opnieuw beginnen". Het is omdat je weg nog niet af was en dat er kennelijk iets mis is in die weg. Als er weinig tijd is dan hadden jullie meteen ALLE wegen moeten bewandelen.

Ik reageer wel naar je want ik zou de gedachten en de verhalen van de burgers laten weten. Nu dit is wat er werkelijk op straat speelt, dit is waarom er nu geknepen wordt en vele dingen meteen als een aanval worden gezien. Kijk en leer wat Nederland ook nu mee maakt. PVV grootste partij momenteel waarom? Omdat ze het volk vertegenwoordigen en de gedachten van hun keihard, recht door zee aan die gasten in de heerlijke stoel voorleggen. Politiek is niet meer opleggen van, maar luisteren en onderhandelen, spelen, nemen en geven en zeker open staan voor ander zienswijze.

John

Toelichting

Na de diverse mailwisselingen gingen de wegen zich duidelijk scheiden. Ik heb geen zin om met de politiek en met wie dan ook, geassocieerd te worden. Zeker wil ik geen speelbal zijn van de politiek. Ik was een ervaring rijker en voor mij was duidelijk hoe de politiek zich gedraagt. Ze gaan werkelijk nergens voor opzij.

Eigen coalitiepartners worden een hak gezet om zo kennelijk oude vetes te vereffenen. Een ding is me werkelijk duidelijk geworden, politiek is een vuile bezigheid en het is zeker niet een zuivere business. Werkelijk, het drong op dat moment alweer tot me door wat het intelligentie peil was van deze politici en de pionnen achter hen.

Geen wonder dat er werkelijk niets besloten wordt want het is hun onmacht en een gelimiteerde kennis waar ze mee moeten werken. Er is meer voor nodig om werkelijk een land te regeren/ besturen. Helaas en pijnlijk te zien want werkelijke kennis bezitten deze mensen niet en erger nog, de arrogantie en een klappend ego van zeer veel van deze zittende mensen maken het geheel nog erger. Het was duidelijk en het was allemaal in zijn geheel in elkaar geklikt.

De wegen gingen langzaam uit elkaar en ik heb duidelijk afstand genomen van deze corruptie maar ook maffia praktijken. Even heb ik het dus van dichtbij meegemaakt en ik heb duidelijk vanaf die dag een streep getrokken dat het genoeg was.

Zo ging het leven verder en kwam ik toch nog wel eens in de supermarket en wat viel me op, deze mensen menen ook mee te moeten pikken van de burger. Prijzen die totaal niet kloppen en zeker niet nagekeken worden en zo kwam het volgende stuk in de diverse kranten.

Ingezonden Februari 2009

Natte vinger prijs

We kochten bij supermarket Mangusa. een busje 'Gourmet Blends' van het merk 'Badia' van 35.4 gram voor Afl 5,25.
Thuis aangekomen kwam mijn vrouw er achter dat we nog een nieuwe bus van 141.75 gram hadden staan van hetzelfde merk hetzelfde kruid voor Afl 5,15 gekocht bij supermarket Esperamos!
Nu vraag ik me werkelijk af of we altijd door deze supermarket houders zo opgelicht worden. Wat denkt onze gedeputeerde van economische zaken daar tegen te doen?

Toelichting

Het was weer eens heerlijk een niet politiekgezind stuk te schrijven en luchtig wat feiten naast elkaar te leggen. Ik kreeg wel weer als reactie even een ingezonden stuk waar ik te horen kreeg dat er wat belangrijkere zaken waren voor onze gedeputeerde! Dat klopt want die moet zorgen dat alles duidelijk stil gehouden wordt zodat hij niet werkelijk in actie hoeft te komen!

Druppende 'Aqua' met een donkere 'lectra'

Band'bou, u weet wel het andere gedeelte van Curaçao, is duidelijk verder achter gesteld dan de probleemwijken in de stad. Water is regelmatig druppelend en de stroom komt en gaat net zo snel als dat het dag en nacht wordt. Al langere tijd ben ik aan het bellen en kijken wat er nu werkelijk gaande is in ons verre Willemstadje.

Een tijdje terug kwam de aap uit de mouw bij twee medewer-kers. Dit waren de antwoorden van meneer Sin 'awa' Sin 'lectra'. *Meneer Baselmans; Het probleem is het volgende; We hebben een chronisch tekort aan stroom en zo valt u regelmatig (bijna dagelijks) als Banda'bou zijnde in een schakel programma. Is het niet het schakelen dan hebben we nog het stelen van koperdraad en palen! Vele malen moeten we weer opnieuw palen plaatsen en draden spannen. Er is ook veel onderhoud te verrichten richting Banda'bou. Dat maakt de toelevering zo onstabiel. Het water is een nog groter probleem, want er is niet meer capaciteit richting Banda'bou! De pompen zijn oud en zwak en kunnen de vraag niet aan. De pijpen te oud en te dun. De vele projecten worden niet tijdig aangegeven en zo kunnen wij geen extra voorzieningen treffen. Maar aanpassen is niet mogelijk want er is geen geld om een nieuw net aan te leggen of een waterplant te bouwen op Banda'bou. U zult binnenkort werkelijk zonder water en stroom komen te zitten daar wij gewoon de capaciteit niet meer hebben en die we hard nodig hebben voor de stad!*

Dit waren de letterlijke woorden die ik, tot twee maal toe, te horen kreeg. Ik kreeg ook een tip van deze mensen. Deze luidde; Schaf maar vast een generator aan daar de stroom nog frequenter zal uit gaan vallen. Voor het water was geen oplossing voorhanden, uit de grond misschien? Kunt u het voorstellen een water en elektrabedrijf die mij vertelt om vast voorzieningen te treffen voor de aankomende donkere, droge dagen!

Laten we van Banda'bou een eigen land maken, met eigen voorzieningen en een eigen regering zonder mega salarissen, corruptie en maffia praktijken!

Toelichting

Dit stuk is geschreven omdat we zo'n belachelijke antwoorden kregen van Aqualectra als de stroom of waterdruk wegviel. De raarste smoezen worden verzonnen en wat bleek, Banda'bou was voor alles een pispaal. We mogen blij zijn dat er nog water druppelt en dat er af en toe een stroomstoot door de elektriciteitsleidingen komt.

Als reactie op dit stuk belde een medewerker van Aqualectra mij op, met de vraag wie de twee personen waren vanwie ik deze verhalen had gekregen. Ik vertelde hem; Een van die personen bent u! Hij was het kennelijk vergeten en was ook meteen stil! Het onderzoek, zoals hij beloofde, lijkt er meer op dat het niet zal komen, maar we hebben in ieder geval wel weer wat water en ook weer wat stroom.

De stukken hebben dus werkelijk nut!

Het stuk werd overigens 2 maanden later wederom geplaatst door Amigoe! Toegift?

Ingezonden *Maart 2009*

Stemadvies

Weet u in de wirwar van berichtgeving en laag bij de grond gekrakeel nog waar u op gaat stemmen bij het komend referendum? U bent niet de enige met dit probleem. Het blijkt dat de voor-lichting net zo chaotisch en onjuist is als de politiek ons burgers al vele jaren behandelt. De leugens vliegen van beide kanten om onze oren en de vele scheefgetrokken informatie rijst werkelijk de pan uit. Bedreigingen worden geuit en de democratie wordt met alle voeten getreden.

Laatst kreeg ik een stemadvies van enkele mensen die ik tegenkwam in ons heerlijk dorpje. Weet u wat dat was? Ga 15 mei lekker naar de baai. Gooi een lijntje uit en je hebt meer kans dat je als burger iets vangt dan wat je ooit zal vangen bij de politiek! Lijkt mij gewoonweg de beste optie. Laat de politici maar gaarkoken en verdrinken in hun eigen leugens. Wij burgers bestaan al lang niet meer voor de politiek alleen wanneer er een stem te halen valt.

Toelichting

De politiek kon ik nog niet loslaten omdat in mijn ogen een te vuil spel gespeeld werd. Mensen achter zaken zetten en ook nog menen mensen te kunnen misbruiken is in mijn ogen een kwalijke zaak, erger nog, een criminele zaak!

Toevallig hoorde ik dit stemadvies en ik moet u toegeven dat ik na mijn politieke ervaring, het een geweldig advies vond. Leek me goed om dit advies op te volgen want wat zal er nu werkelijk veranderen door mijn of uw stem? Het is een show, het is een spel en wij burgers worden meegesleurd in deze negatieve spiraal. De hele politiek is niets anders dan het proberen te domineren over de gewone burger en daar ben ik zeker van geworden in het avontuur tot nu toe.

Wat schetste mijn verbazing, op een gegeven moment werd me verteld dat mijn stukken nog op een website stonden die de 'Si' campagne moest ondersteunen. Ik had kennelijk nog niet duidelijk genoeg gemaakt dat ik niet geassocieerd wilde worden met welke partij dan ook, maar helaas was nog niet alles doorgedrongen bij enkele personen. Jip, daar stonden vier van mijn stukken die ik geschreven had onder de naam van de administrator! Zelfs mijn geestelijk eigendom werd misbruikt en werd met alle voeten getreden.

Ik stuurde deze mail naar de webmaster.

Mail

PAR in de fout

Hierbij verklaard ondergetekende John Baselmans dat hij geen toestemming heeft gegeven voor het plaatsen van zijn ingezonden stukken:
- *Ze vliegen (niet) weg*
- *Verantwoording aan mijn kinderen toe*
- *Dubbelzinnig*
- *Het zand van Ap*

op de website ....com. Gemaakt door de administrator ...., van de politieke partij PAR.

Deze stukken zijn niet om een Yes/Ja campagne van de PAR te onder steunen of kracht bij te zetten. De stukken van ondergetekende zijn generlei bedoeld om er politieke campagnes mee te voeren.

Toelichting

Al waren de wegen uit elkaar gegaan, na enkele dagen bleek dat ook nog stukken op een derde 'ja' website opdoken. Ik was pissig en dat was voor mij ook de limit. Weer maakte ik duidelijk dat de stukken eraf moesten en dat ik met de politiek niets meer te maken wilde hebben.

Voor mij is de politiek werkelijk een corrupte bende met een ondersteunende macht boven hen, die de maffia der Antillen genoemd kan worden.

Alsmaar die vuile spelletjes en onwaarheden waren voor mij wel de duidelijke balans dat mij liet overslaan om nooit meer met de politiek bezig te houden.

Ondertussen was heer Neuman aan het vechten om alles geregeld te krijgen voor de bouw van een pand in Punda. Vergunningen zijn hier geen recht die je kunt krijgen, maar een gunst en dat is waar hier veel op stuk loopt. Alles is politiek en alles is gebonden aan een gunst van de, op dat moment, zittende politicus. Vandaar weer een politiek ruikend stukje.

Ingezonden *Maart 2009*

Drie maten

We lezen steeds meer in de kranten over, dat er met twee maten gemeten wordt.

Onder andere heer Neuman haalde al enkele punten hierover in zijn betoog aan. Hij moet de regels naleven en een ander mag onbeperkt zijn gang gaan. Nu weten we dat dit niets nieuws is. Maar wat denkt u van de derde maat? Ja, die derde maat waar wij, burgers, allemaal onder vallen!

De maat waar wij op moeten komen draven als de politiek ons nodig heeft.

De maat waar u bedreigd mag worden en u niet beschermd wordt door de justitie.

De maat die geen rechtszekerheid op dit eiland heeft en waarvan alle kassen zijn leeggeroofd door diezelfde politici.

De maat die goed is om te betalen maar komt nooit voor in het rijtje uitbetalen.

En zo, beste mensen, vallen wij onder een derde maat en die heet de 'de maat der achterlijken'! Projectontwikkelaars vechten om vierkante meters, andere vechten over de prijs die onder de tafel betaald moet worden. Wij, burgers, vechten om een simpel menselijk bestaan!

Toelichting

Het was werkelijk een tijd van negativisme. De politici speelden dommie en bleven de mensen maar manipuleren. Het was op een gegeven moment pijnlijk om te zien dat wij burgers alsmaar voor de gek gehouden werden. Voor de gek gehouden door politici die zelf nauwelijks kennis van zaken hebben en nauwelijks weten hoe zaken in elkaar zitten. Het werd steeds duidelijker dat de politiek, op een zeer enkele nagelaten, gevoerd werd door niets wetende personen in dienst van de maffia!

Doch, na de dreigementen van heer Neuman en mijn stukje daarna, kreeg deze projectontwikkelaar het sein om aan de bouw van zijn winkelentrum te beginnen.

Zo kwam ik bij een volgende stuk terecht waarin ook onze beruchte en beroemde heer Godeth een rol speelt.

Ingezonden *Maart 2009*

Planning, wat is dat?

Na vele jaren heeft onze gedeputeerde van infrastructuur door dat er ook wegen op Banda'bou lopen. Nou ja wegen? Maar goed, deze man heeft opdracht gegeven om de weg naar Soto en de weg tussen Willibrord en Fontijn compleet te vernieuwen. Nu juich ik dat toe en we waren ook in de wolken dat we eindelijk niet meer als een pingpongbal, gaten ontwijkend over deze wegen zouden moeten gaan. Bent u eens gaan kijken wat ze op de weg tussen Willibrord en Fontein aan het klaarmaken zijn? Werkelijk om te huilen! Hier zijn de slechtste amateurs in wegenbouw bezig, kennelijk hadden zij het laagst ingeschreven voor deze job. Geen wonder want ze breken een weg totaal af die de enige verbinding is voor een 50 tal woonhuizen en een toeristische project. Je kunt met een luxe wagen niet meer bij deze mensen komen. Je wagen loopt vast op de vele gaten en hobbels wat nauwelijks een zandweg genoemd mag worden. Daar komt nog bij dat deze werkers het met hun machines niet zo nauw nemen en zo een personenwagen compleet beschadigden en kwaad werden dat deze mensen daarover reclameerden.

Ik vraag me af waar onze gedeputeerde deze mensen gevonden heeft. Ik heb dan ook een klein vermoeden dat zij diegene zijn die ook ons oude nummerbord hebben gemaakt, vorig jaar. Want een ding is zeker, deze arme zielen hebben totaal geen kaas gegeten van wegen leggen, verkeer leiden en een goede job afleveren. Nee, deze mensen zou ik nog niet mijn tuin schoon laten maken! Dan de weg naar Soto. Ook die werd geheel afgesloten en wij als bewoners moeten nu een omweg maken van 8 kilometer om bij ons huis te komen! Ook nog geen probleem want je denkt, eens komt er een einde en die leek ook in zicht. Totdat ik gisteren naar de gedeeltelijk geasfalteerde nieuwe weg van Soto reed en werkelijk op een gegeven moment niet verder kon. Het asfalt ligt er, maar je mag als bewoner niet uit je straat komen! Er is geen linksom of een rechtsom! Sta je dan als bewoner, wil je wegrijden moet je met je luxe wagen door de mondi om zo op de weg van Westpunt te komen. Planning en interesse, vergeet het maar!

Helaas, het kan allemaal en er is werkelijk geen een instantie die inziet dat in deze hoeken van het eiland mensen totaal onbereikbaar zijn en niet meer naar hun huizen of appartement terug kunnen keren. Dit allemaal dankzij deze amateurs, gesponsord door onze gedeputeerde. Waar is de controle van onze belastingcenten op deze amateurs? Een afgesloten weg naar Soto en een weg-weg naar Willibrord, het zoveelste schandaal op dit eiland. Maar wie maakt zich eigenlijk druk? Kennelijk, ik alleen.

Toelichting

Het was een mooie dag en we dachten wat te gaan rijden met onze wagen. We wisten dat er al maanden gewerkt was aan een weg, die loopt van Fontein naar Soto en die in zijn geheel opnieuw gelegd zou worden. Het stuk waar onze weg op uitkwam was klaar maar wat hadden deze experts gedaan. De weg was afgesloten door bergen zand en tonnen zodat er niemand uit onze weg kon komen. We moesten omkeren en zo via een zandweg de grote weg naar de stad zien te vinden.

Erger was de weg bij Willibrord die werkelijk door een stelletje amateurs gelegd is geworden. Deze mensen presteerden het om een weg van vele kilometers in zijn geheel weg te halen en mensen via zware bobbels en geulen te laten rijden met hun luxe wagen. Nadat dit stuk verschenen was, werden de grootste obstakels weggehaald en hoorde ik dat de aannemer een Nederlander was die pas enkele maanden op dit eiland was. Hij wist absoluut niet hoe wegen gemaakt werden op dit eiland.

Duidelijk was het weer een vriendje van onze vriend gedeputeerde die zich al meerdere malen in de kijker liet komen door vreemde zaken zoals het project op Otrabanda waar een failliet Venezolaans bedrijf de scepter gaat zwaaien zonder een cent inbreng. En een man die ook weer eens in opspraak kwam door vreemde handelingen op een zeer groot terrein nabij Souax.

Het houdt niet op en de coalitie blijft hem maar paaien om zo zijn ene stem te blijven behouden. Dan durven de andere partijen in de coalitie te beweren dat ze niet corrupt zijn? Ook zij laten dit alles toe. Ook zij laten burgers vallen om maar op die stoel te kunnen blijven zitten. Ook zij zetten hun handtekening, min of meer onder dwang, want anders stapt deze heer op en zo is wel degelijk het bewijs dat de regeringen aan elkaar geklit zijn en elkaar nodig hebben om maar zo door te kunnen gaan.

De bewering die we in enkele mails terug lazen, over dat de grootste partij het voor het zeggen heeft, is al een zeer lang achterhaald gegeven. Het zijn juist die éénmans partijen die vele regeringen hebben laten vallen! Leugens, bedrog, onkunde en corruptie zijn zaken die daardoor sterk blijven gehandhaafd en dat is net wat de maffia nodig heeft.

Ingezonden *Maart 2009*

De grote geldbuidel

Al geruime tijd lijkt het er op dat de beide premiers van de Antillen en Aruba achter de grote geldbuidel aanlopen van Nederland. Nederland maakte echter laatst bekend dat Aruba niet hoeft te rekenen op geld. Toch vraag ik me af of wij burgers ook niet eens aan kunnen kloppen voor een donatie. Helaas zien wij burgers niets van al die schenkingen vanuit Nederland. Waar is die buidel te vinden, is mijn vraag? Of zijn zij ons al voor geweest?

Toelichting

Ik werd ziek van alle slijmartikelen in de krant waar vele politici alsmaar bij de arme wijken en zwarte kindertjes staan als hoe goed ze het niet voorhebben met deze mensen. Ondertussen moorden ze mensen uit in de rook van de ISLA en zijn ze druk doende om alle politieke baantjes zeker te stellen! Want ze moeten toch ook aan hun oude dag denken, niet waar? Alles bij elkaar was het een en al slijmen in de kranten van zowel Nederlandse als Antilliaanse politici. Gewoonweg een 'soap opera' waar wij burgers alsmaar in getrokken worden! Uiteindelijk belanden wij weer in een vergeethoekje en blijven deze mensen allemaal druk bezig met hun eigen ego.

Het is in en in triest dat je bijna dagelijks deze mensen in de kranten ziet. Is het u niet opgevallen dat wanneer u wereldleiders in de kranten ziet, dat het dan grotendeels bij besprekingen of het ondertekenen van belangrijke stukken is? Wat zien we dagelijks hier in de kranten? Een of andere minister handje schudden met Jan en alleman of zich onder het volk begevend als reddende engel! Zo ziet u dat er enkelen zijn die onderhand wel een prijs hebben gewonnen met het meest te verschijnen in de kranten! Ik heb alsmaar een vraag die dan in me opkomt. Is dat dan de complexe politieke wereld waar ik niets van begrijp? Hebben deze mensen werkelijk niets beters te doen dan handje schudden, foto sessies en internetje spelen? Wat een ellendige vertoning en om in de vorm van smilies te praten, u heeft, op enkele nagelaten, wel een rode smily verdiend! Wie weet snappen deze 'leiders' het dan!

Krantje

Als ik mijn krantje opensla kan ik soms werkelijk mijn lach niet meer houden over de doorzichtelijke manier waarop onze Antilliaanse en Arubaanse politiek te werk gaat. Onze minister-president blijkt meer op reis te zijn dan nog in haar eigen huis te slapen en zo is het ook met haar collega van Aruba. Maar als gelukkige lezer mogen wij meegenieten van alle positieve besprekingen en grote buidels geld die alsmaar binnengebracht worden. Althans, als we alle berichtgeving moeten geloven. Ik als burger merk daar geen snars van en soms heb ik het gevoel dat wij burgers diegenen zijn waar onze minister president vandaan komt met haar buidel! Maar wat is het nu jammer. Aruba heeft dagenlang foto's laten plaatsen en verschillende artikelen gepubliceerd dat de verhoudingen weer helemaal hersteld zijn. Zelfs zie je Arubaanse en Nederlandse politici heel gezellig met een Arubaans vlaggetje zwaaiend op de foto want o wat zijn we een eenheid.

Maar dan, pats boem, Nederland maakt onze Arubaanse buren even duidelijk dat er geen extra geld over de brug komt. O, o wat nu? Zijn we nu weer terug bij af en lezen we binnenkort weer een artikel dat de banden tussen Aruba en Nederland geschaad zijn? Wat een lachwekkende vertoning. Dat volwassen mensen en landen kruipen voor het grote geld. Het geld in die buidel. En wij moeten hen nog geloven? Ja of Nee?

Toelichting

De kranten zijn een bron van ergernis. De slechte en niet objectieve berichtgeving is gewoon dagelijks en de mensen moeten deze onzin nog geloven ook. Werkelijke journalisten zijn ver te zoeken, laat staan dat ze nog behoorlijke stukken kunnen schrijven. Al het nieuws wordt geplukt van nieuws agentschappen en roddels die ze snel van de straat plukken. Dat blijkt wel als je met gepeperde stukken komt waar je dan ook nog tot overmaat van ramp hun partij, waar elke krant ondervalt, aan gaat vallen of beter gezegd op hun tekortkomingen wijst.

Kranten op de Antillen zijn werkelijk de 'Story' en een 'Privé' van Nederland samen! De kranten bestaan werkelijk voor 95 procent uit gemanipuleerde berichtgeving en ze zijn o zo bang dat er iets naar buitenkomt dat ze moeten gaan verantwoorden aan een van hun eigenaren. Een mooi voorbeeld was het stuk over GOL wat systematisch de kop werd ingedrukt omdat er een van de eigenaren bij betrokken was.

Persvrijheid is er werkelijk niet en dat is in de drie boeken die nu uit zijn, wel bewezen. Berichten worden in zijn geheel niet geplaatst of ernstig verbasterd weergegeven. Nog erger is dat de burger zeer slecht geïnformeerd wordt met het juiste nieuws. Dat zou wel eens een van onze politici, bedrijf of wie dan ook kunnen schaden. Het is allemaal een bewijs dat we niet op vrije eilanden wonen.

Er is geen werkelijke vrijheid van meningsuiting. Er is geen vrijheid van handelen en alsmaar is het de maffia die de kop indrukt van wie hen niet aanstaat. Het leven onmogelijk maken is daar hun hoofdmotto. Meer mensen in nood, des te meer grip hebben we op deze mensen! Jammer genoeg denken vele mensen maar ook politici daar niet over na. Ze zijn braindead! Afgestompt door een maatschappij wat werkelijk bestaat uit vrees en angst. Wat we missen is een objectieve krant met open en eerlijke nieuws.

Mijn wens is dat ik nog eens een niet betalende krant kan starten waar de mensen geïnformeerd worden precies zoals het in de wereld aan toe gaat. Het is een kwestie van tijd en het zal uit gaan komen. De plannen zijn er en de wegen zijn aan het openen.

Ingezonden *Maart 2009*

Bakkie in, bakkie uit

Wat we niet allemaal meemaken op dit eiland. Je kunt niet zeggen dat je, je werkelijk verveelt. We hebben toch onze gevangenis met die goede toekomst? Nou die doet ook werkelijk zijn naam aan. Je wordt veroordeeld, moet jaren wachten op je goede toekomst en dan spreek je af gijzelaartje te gaan spelen samen met wat bewakers. Je stapt via de ingekomen deur zo regelrecht de goede toekomst tegemoet. De kans dat ze je vinden is nihil. Zeker als je wat 'vriendjes' hebt . Nu, je kunt niet zeggen dat onze gevangenis zich niet aan de belofte houdt en zo is Bon Futuro de enige gevangenis ter wereld, waar je net zo snel uit kunt komen als dat je erin belandt!

Toelichting

Dit stuk is door geen krant geplaatst. Natuurlijk niet want de veiligheid van de bevolking zou aangetast kunnen worden. Zo had ik ook eens een stuk over het dagelijks inbreken bij mensen thuis geschreven. Deze stukken zullen de krant niet halen omdat ze de mensen te bang maken. Er werden toen bewijzen aangehaald dat de politie zelf een corrupte bende is en dat er maar weinig agenten zijn die hun job wel serieus nemen. Maar over deze zaken mag je werkelijk niet schrijven en het lijkt wel dat alle mailproviders ingesteld zijn om deze mails meteen te dumpen! Bang, bang zijn ze dat er een van hun vriendjes kwaad gaat worden. Dan vraag ik me af: Nog banger dan dat ze al zijn en voor wie? Het kan niet want zeer veel mensen zitten al onder de duim van de politiek (lees maffia).

Het is gewoon een hypocriet geheel en daar is de lokale pers ook duidelijk een speler in. Het is niet objectief en eerlijk, wat de kranten uitkramen en met een geldbuidel in de hand koop je werkelijk elke krant! Dit hebben we in het verleden gezien en heeft u ook gezien wie er allemaal achter zitten?

Ingezonden *Maart 2009*

Maakt PNP zich schuldig aan moord?

U hebt het wellicht gelezen in de kranten; Heer Davelaar, PNP weigert verder openbaarheid in meetgegevens van de ISLA en de milieugroepen te ontvangen in de staten. Dit alles is alleen maar op één manier te interpreteren. Heer Davelaar (PNP) bekent schuld en weet dat zijn mooie praatjes niet kloppen. En daarmee maakt PNP, die ook nog eens in de coalitie zit, zich duidelijk schuldig aan het vroegtijdig overlijden van vele onschuldige burgers. U weet wel die coalitie die zich toch voordoet dat ze openbaarheid in zaken pretendeerde. U weet wel die coalitie die met hun 'Ja' het beste met het volk voor heeft!

Nu, die heer Davelaar, PNP, coalitie zorgt ervoor dat wij burgers verder worden uitgemoord door een stinkende roestbak genaamd ISLA.

De rest laat ik aan u over, mocht u alle vervuilingen en kletspraatjes nog overleven.

Toelichting

Heer Davelaar hoorde ik enkele malen op TV en in de kranten las ik wel eens wat stukken over hem. Ook hoorde ik van een Nederlandse politicus die de ISLA bezocht dat zij een uitleg kregen met vele leugens en met vervormde cijfers. Als u zijn vele uitspraken leest en hoort kan ik maar een conclusie trekken. Heer Davelaar is een heer die opzettelijk vervroegd mensen laat sterven in de rook van de ISLA. Na het lezen van een stukje was de maat vol. Toen ik in een krant las dat deze man ook nog eens zo transparant zou zijn dat hij alle gegevens voor zichzelf wilde houden, was mijn gevoel wat me vertelde en wat ook door de Nederlandse politici al aangehaald werd: Het gaat er allemaal om, om deze gegevens te manipuleren of zo om te zetten dat alles goed leek te zijn.

Kort hierna bleek dat ook toen bij een rechterlijke uitspraak in een keer de ISLA BINNEN de normen lag! Niet te geloven dat een rechter in papieren en rapporten trapt die lijkt geschreven en gemanipuleerd te zijn geworden, door een ISLA en/of overheid. Allemaal terwille van het grote geld wat nog onder de grond zit! Ook in dit geval kon je duidelijk zien dat er klasse justitie is en diegene met de grootste buidel ook veelal zal winnen al is het maar om rottigheid uit te halen waar nodig. Dit kan ik ook nog in andere zaken bewijzen.

Ingezonden *Maart 2009*

Nummerplaten Si or No

Bent u een van die burgers die netjes de nummerplaat en autobe-lasting al betaald heeft? Vanaf december 2008 konden we gaan betalen en de nummerplaten zouden verstuurd worden naar het huisadres. Maart 2009 nog steeds geen nummerplaat plus een flinke partij automobilisten die nog steeds niet betaald hebben! Ondertussen zijn wij het geld kwijt voor iets wat niet geleverd is geworden. U ziet laksheid wordt beloond maar zich aan de regels houden wordt regelmatig afgestraft door onze overheid!

En maar hoog en laag beweren dat onze regeerders niet corrupt zijn.

Toelichting

Och, moet ik hier nog verder iets aan toevoegen? Deze gedeputeerde heeft werkelijk een plank voor zijn hoofd, is God zelve en meent in dienst van de lokale bevolking te werken. Helaas laat hij keer op keer zien dat hij absoluut niet capabel is als politicus en alle dingen die hij onder zich heeft gehad of nog heeft, zijn uitgezogen geworden en leeg.

Eens las ik in een lokale krant over het verplicht lotjes kopen en verplicht geld uitgeven van de FKP kas voor zijn partij. Net die partij die samenwerkt met de coalitie die al zo transparant is. Maar vele politici kunnen niets doen omdat net die partij met een zetel, het wel voor het zeggen heeft en alles af kan dwingen anders stapt deze partij op. Chantage? Och, laten we het daar maar niet over hebben want daarvan hangt toch de hele politiek aan elkaar vast. 'Als jij dat doet, doen wij het zo' is een motto wat dagelijks gehanteerd wordt tussen de muren van het fort. Alle politici hebben elkaar in de knel en zijn afhankelijk van elkaar. Ze weten altijd wel iets van elkaar om druk te zetten en zoals u al zag in oudere stukken, ze schromen er niet voor terug om elkaar een loer te draaien zoals het stuk GOL met de heer Adriaens of geval Navarro. De politiek is werkelijk een vuilnisbelt wat lijkt dat het gebouwd is op een fundering van gier. Maar goed, er zal u later nog wel meer duidelijk worden.

Op dat moment kwam er een ommezwaai in het geheel van stukken schrijven. Een heer melde zich met een geheel rapport waaruit blijkt dat Bon Futuro al vanaf 1992 een grote puinhoop is. Deze heer had daar, jaar in jaar uit, melding van gemaakt, is bedreigd geworden en heeft zijn studie en baan verloren. Hij deed 58 aangiften bij OM en politie wat een 170 pagina tellend rapport werd met vele bewijzen. Ik heb de dag daarna geprobeerd de heer David Dick te pakken te krijgen maar helaas via een partijlid, werd ik alsmaar weg gehouden van de heer Dick. Volgens dat lid had heer Dick wel betere dingen te doen. Nadat ik enkele stukken uit het rapport naar deze personen opstuurde, kreeg ik een mail dat ik maar zelf moest kijken om de heer Dick te pakken te krijgen via zijn secretaresse. Waarop ik antwoordde; Als heer Dick niet zelf de zaak ernstig genoeg vindt en geen contact wil opnemen, dat ik wel naar de pers zou gaan. Ik werd eerst gebeld door zijn secretaresse die me vroeg wat er allemaal gaande was. Ik vertelde dat het rapport van 1992 tot en met 2003 wel erg was en dat er tot op heden daar niets mee gedaan is. Ik zou een telefoontje krijgen van de heer Dick die me daadwerkelijk belde en beloofde laat op de avond mij te ontvangen. Helaas ging dat die avond niet door omdat Nederland ook in bespreking was met hem. Ondertussen waren de persberichten ook al verstuurd want ik kreeg werkelijk het gevoel dat ik aan het lijntje gehouden werd.

Diezelfde avond vond een gesprek plaats met Nadya van Putten. Een jonge politicus die naarstig haar best doet om in het Europees Parlement te komen. Ze is nog een jonge dame vol goede moed en met ideeën die me doorgegeven werden die extra middelen zouden gaan vormen in dit geval. Even later had ik met de heer Lampe uit Aruba een goed maar kort gesprek gehad. Ik ben aardig op wat verschillende sporen gebracht die ik later werkelijk bleek nodig te hebben op de weg in en om de gevangenis ellende. Het was leerzaam en mooi te zien dat er jonge mensen zijn vol met idealen. Ook het gevoel bij heer Lampe was een fijn gevoel, deze man is met dezelfde strijd bezig, namelijk de corruptie op Aruba. Een Aruba waar lijkt dat de politiek door kleuters geregeerd wordt.

Na hen afgezet te hebben in het hotel hebben mijn vrouw en ik nog lang nagepraat over dit contact.

Ondertussen was het volgende persbericht naar alle kranten hier op de Antillen. Het bleef stil en niemand reageerde vanuit de lokale pers.

Ingezonden *Maart 2009*

Bon Futuro, corruptie en afpersing

In een 171 pagina tellende file, is naar buiten gekomen dat al vanaf het jaar 1992 bekend was dat het bij onze gevangenis Bon Futuro niet in orde was. Er zijn in het totaal 58 melding-en geweest door een en dezelfde persoon bij zo wel Openbaar Ministerie, Procureur Generaal, Minister van justitie, Gouverneur en Officier van justitie, buiten de vele meldingen aan de toenmalige directeur en commissies. Nooit heeft een van deze instanties naar deze persoon geluisterd. Nooit is er iets uitgezocht en bleken de vele rapporten en documenten te verdwijnen. Wij burgers lopen dagelijks gevaar door de ontsnappingen die al jarenlang voorspeld waren en uitvoerig gemeld werden. Het smokkelen van drugs, wapens en vele andere voorwerpen werden en worden, volgens deze file, nog steeds toegestaan door zowel de directie als de bewakers. Uit deze file blijkt, in een bijgevoegde prijslijst, dat er grof geld verdiend wordt door enkele sleutelfiguren in onze gevang. Bij meerdere malen

140

aangeklopt te hebben door mij bij lokale politici blijkt dat ze het niet serieus nemen en ons burgers bewust in gevaar willen brengen. Verdwijningen van personen, liquidaties, overvallen, bedreigingen en vele andere misdadige zaken worden getolereerd door onze justitie apparaat en de verantwoordelijke personen. Nu ik contact gezocht heb met buitenlandse politici en zelfs liet vallen dat ik naar de Europese Unie zal stappen, gaat de politiek wakker worden. Te laat in mijn ogen want zij zijn allemaal op de hoogte van deze corrupte en maffia handelingen van interne mensen vanaf 1992 toen de eerste melding van deze persoon binnen kwam. 17 jaren houden ze deze persoon aan een lijntje en nu is het genoeg.

Laat nu de buitenlandse politici hun oordeel vellen over de maffia praktijken en de misstappen van een falende justitie op de Antillen. De maat is vol. Wij kunnen het werkelijk niet alleen af.

John Baselmans
MKK Curaçao

Bon Futuro, korupshon i ekstorshon

Den un file di 171 página a sali na kla ku for di aña 1992 kos no tabata na òrdu den nos prison Bon Futuro. En total tabata tin 58 denunsia dor di mes un persona tantu na Ministerio Públiko, Prokurador General, Minister di hustisia, komo na Gobernador i Ofishal Fiskal, a demas di e otro denunsionan serka e direktor di e tempu ei i e komishonnan. Nunka ningun di e estansianan aki riba no a skucha e hende aki.

Nunka no a investigá nada i ta parse ku e hopi ràpòrtnan i dokumentunan a disparsé. Nos ku ta siudadano ta kore peliger pa e huidanan ku ya pa hopi tempu tabata pronostiká i ku tabata ekstensamente denunsia. Kontrabanda di droga, arma i hopi otro opheto tabata ta, i ta te ainda, permití tantu pa direkshon i komo pa e wardadornan di preso. Segun e lista di preis athunto ku e file, ta konta ku personanan klave ta gana plaka brutu den nos prison. Hopi biaha mi a hala atenshon di e polítikonan lokal. a parse ku nan no a tuma nos na serio i ku konsientemente kier pone nos na peliger. Nos aparato hudisial i otro personanan responsabel ta tolerá desaparishon, likidashon, atrako, amenase i hopi otro akto kriminal. Awor ku mi a buska kontakto ku e polítikonan den eksterior i hasta a laga sa ku mi ta bai Union Europeo, ta parse ku política ta bai lanta fo'i soño.

Muchu lat den mi bista, pasobra nan tur ta na altura di e korupshon i akshonnan mafioso for di 1992 ora ku e persona aki a hasi e promé denunsia. 17 aña nan ta teniendo e persona aki na liña i awor ta basta. Laga polítikonan eksterior duna nan huisio riba e práktikanan mafioso i e pasonan robes di un hustisia ku ta fayando na Antias.

Kana a yena, realmente nos no por nos so.

John Baselmans
MKK Curaçao

Toelichting

Wat ik al vermoedde, de lokale kranten probeerden het te verzwijgen. Niemand durfde het te plaatsen, laat staan contact met me op te nemen. Maar ondertussen had ik in de nacht ook een persbericht gemaakt naar de internationale persagentschappen en Nederlandse kranten en die ging als volgt.

Geachte redactie

Langs deze weg wil ik u voorstellen in de wereld van de Antilliaanse corruptie, maffia en de manier waarop onze eilanden bestuurd worden.

Ondergetekende, John H.Baselmans is reeds enkele maanden actief met zijn groep MKK (Movimentu Kontra Kurupshon). Deze groep is niet politiek gezind en neemt puur meldingen op van Antilliaanse burgers die gaan over corruptie en ongewone praktijken in onze gemeenschap. Vanaf daar wordt er melding gemaakt bij de desbetreffende Instantie of juridische diensten.

Sinds enkele dagen bezit ondergetekende een rapport van een ex gevangenisbewaarder van onze gevangenis Bon Futuro. Deze man heeft tot dusver 58 meldingen gemaakt van; wapenhandel, drugshandel, geweld, ongeregeldheden, afpersing en vele corruptie zaken in deze gevangenis. De persoon is, na zijn plicht gedaan te hebben, geïntimideerd, vervolgd en zelfs met de dood bedreigd.

Ook hebben ze deze persoon op non actief gezet en zit hij nu thuis zonder werk met behoud van salaris. Momenteel zijn ze zelfs bezig om hem af te keuren voor de maatschappij! (zie file "gevangenis. pdf")

58 meldingen bij het; openbaar ministerie, minister van justitie, officier van justitie, gouverneur, procureur generaal, politie, gevangenisleiding zijn verdwenen, of in brand gestoken of kwijtgeraakt! Het feit is dat de vele namen die in dit rapport voorkomen een vaste kern is in onze gevangenis die zich aan vele strafbare feiten nog dagelijks vergrijpen (zie het vele nieuws hier omtrent). Deze harde kern inclusief leiding is door een minister ontslagen geworden maar, binnen enkele dagen weer allemaal op hun posten terug gezet! Alle personen waar deze persoon vanaf 1992 aangiftes/ meldingen tegen gedaan heeft, zijn merendeels weer actief in deze gevangenis!

Bij het confronteren van dit rapport bij de huidige minister van justitie, heer David Dick, bleek dat hij niet wilde dat dit in de openbaarheid werd gebracht maar tevens ontkende hij iets hier vanaf te weten! Vreemd dat je als minister van justitie niet weet wat er gaande is in je gevangenis en dat de 58 aangiftes/ rapportages niet bij u op uw bureau zijn beland. Vreemd omdat in dit rapport een brief voorkomt waaruit blijkt dat onze gouverneur alles heeft door-gestuurd naar de minister van justitie!

Ondertussen is het gehele rapport, 170 pagina's, naar diverse Nederlandse politici gestuurd.

Mevr. Bijleveld, Heer Brinkman, Heer Remkes, Mevr. v Putten hebben gereageerd. De politici Balkende, Hirsch Ballin en v.Gent zijn nog niet wakker.

Bij het lokaal uitgeven van een persbericht met de nodige bewijzen en de nodige documentatie bleek dat de lokale kranten niet aan deze materie durven te beginnen. Iets wat deze persoon me al voor had gewaarschuwd. Hij werd daarmee ook al geconfronteerd de afgelopen jaren, overal werd hij door de pers geweerd. Reden: Ze vertelden hem allemaal dat het te linke soep is en dat te duidelijk blijkt dat het gehele justitiële apparaat onder de duim zit van de lokale maffia. De maffia die gouden tijden beleeft met de handel in mensen, wapens, drugs, kinderporno en gokken. Alles gesteund en beschermd door de lokale politici!

Uit andere rapporten die MKK bezit zijn er bewijzen dat er een klassen justitie heerst op deze eilanden en dat er vele onschuldigen veroordeeld zijn waarbij getuigenverklaringen vervalst zijn om "lastige jongens" op te sluiten. Ook is er sprake dat er door een welgestelde groep in onze gemeenschap wapens en drugs gesmokkeld worden per container en gecoverd wordt door 864 meubelzaken die ons eiland rijk is!

Kortom, de lokale pers durft het niet aan. Zijn bang en vele dagbladen zijn in het bezit van diezelfde maffia.

Bij deze stuur ik u een verkorte versie op van het rapport van deze persoon. Een persoon die overigens willend is om te getuigen en ook bereid is toe te lichten. Zijn naam, telefoon nummer en adres zijn in mijn bezit.

Mocht u wel durven te publiceren dan zal hij zeker naar voren durven te komen.

Hopende dat u als Nederlandse pers wel deze job aandurft en eindelijk eens openheid van zaken wil geven wat er hier met onze gevangenen, gevangenis en burgers gebeurt op deze zeer corrupte eilanden.

Namens vele bange burgers wil ik u danken voor uw tijd.

Toelichting

Ondertussen had ik ook al naar wat Nederlandse politici, die direct met de Antillen te maken hadden, een brief gestuurd waar ik om hulp vroeg. Hierbij plaats ik de brief naar mevr. Bijleveld die net op het punt stond om naar de Antillen te vertrekken.

Geachte mevrouw Bijleveld

Langs deze weg wil ondergetekende J.H.Baselmans, oprichter van Movementu Kontra Korupshon (MKK), u het volgende document (gevangenis.pdf) onder ogen brengen. Deze is samengesteld door een ex-bewaker van de gevangenis `Bon Futuro´ te Curaçao, Nederlandse Antillen.

Al tientallen jaren wordt er gepraat over de onmenselijke omstandigheden, uitbraken, gijzelingen, drugs, wapens en ga zo maar

146

door. Maar uit dit rapport blijk dat na 58 aangiftes en brieven naar minister van justitie, Gouverneur, Openbaar Ministerie, Procureur Generaal en vele anderen, niet een iemand het lef heeft gehad om in te grijpen in de corrupte handelingen van bewakers en hun leiding. Zij allen worden tot de dag van vandaag beschermd door kennelijk een geheel corrupt systeem. Ik laat een verder oordeel aan u over. Toch hoopt ondergetekende dat eindelijk eens ingegrepen gaat worden in deze ongewone corruptie zaak in de gevangenis Bon Futuro in Willemstad, Curaçao.

Meer informatie/ bewijzen en documenten zijn ten aller tijde te verkrijgen via mijn mailadres, even zo de naam van deze ex bewaker die liefst voorlopig geheim wil blijven i.v.m. zijn veiligheid.

Mijn dank aan u voor uw aandacht en tijd.
John H. Baselmans (MKK)

Toelichting

Als kort maar duidelijk antwoord ontving ik dit antwoord per mail. Later heeft mevrouw Bijleveld me ook nog diverse schriftelijke bevestigingen verstuurd.

Mail

Subject: RE: Bewijzen coruptie gevangenis

Date sent: Sat, 21 Mar 2009 17:02:08 +0100

Geachte meneer Baselmans,

Bedankt, ik zal de stukken met aandacht lezen,

Ank Bijleveld

Toelichting

Na deze mail volgden er meerdere mails waarvan ook van de heren Remkes, Brinkman, Balkenende, Ballin en mevrouw van Gent. Ik had werkelijk de aandacht van politiek Den Haag. Die aandacht zou nog lang aanhouden omdat ik wel degelijk informatie bezit waar de kamer en deze mensen kennelijk mee kunnen werken.

De discussie Antillen is dan ook nu een met regelmaat van de klok, in de Nederlandse politiek aanwezig en het is in ieder geval onder de aandacht van verschillende partijen maar ook de Nederlandse justitie via heer Ballin. Die me later het volgende schreef

Mail
Subject: Reactie op emails van 21 en 24 maart jl.
Date sent: Wed, 1 Apr 2009 14:49:29 +0200

Geachte heer Baselmans,

Uw e-mails van 21 en 24 maart jl. met als titels "Bewijzen corruptie gevangenis" en "Gehele File Corrupt Bon Futuro Curaçao" heb ik in goede orde ontvangen.

Omdat de Staatssecretaris van Binnenlandse Zaken en Koninkrijksrelaties (BZK) primair verantwoordelijk is voor onderwerpen die de Antillen betreffen, heb ik uw brieven op 23 en 27 maart jl. ter beantwoording doorgestuurd naar het ministerie van BZK. Op 25 en 27 maart jl. heeft mijn medewerker, mevrouw G. Lieuw, u telefonisch hiervan in kennis gesteld.

Graag maak ik u erop attent dat de situatie in de Bon Futuro gevangenis de nadrukkelijke belangstelling geniet van de Staatssecretaris van BZK, de Tweede Kamer der Staten-Generaal en mijzelf.

Ik vertrouw erop dat ik u hiermee voldoende heb geïnformeerd.

De Minister van Justitie

Toelichting

Ondertussen kwam de eerste mail binnen van een radiostation en nieuwsgroep uit Nederland. Schaap nummer één was over de dam.

Mail
Subject: Re: Bon Futuro, moord, drugs en wapens
Date sent: Wed, 25 Mar 2009 10:42:51 +0100

Beste John, stuk is geplaatst onder Antillen nieuws als ingezonden stuk
Groet

Wim Vermeulen

Toelichting

Ondertussen had ik maandagmorgen een gesprek gekregen met heer David Dick. Tot mijn verbazing was er ook onze Procureur Generaal heer Piar aanwezig. Ik had een kort verslag gemaakt en dat was als volgt.

Gesprek Minister David Dick en de heer Piar, dinsdag 25 maart 2009 om 8 uur AM

Bij binnenkomst kreeg ondergetekende het woord en mocht zijn zienswijze toelichten betreffende de lakse houding van de regering en justitie ten opzichte van de Bon Futuro gevangenis op Curaçao.

Na deze inleiding kreeg ondergetekende verschillende voorbeelden te horen waaruit bleek dat de oude methodes van ingrijpen in het verleden niet hielpen, ook het stationeren van de Nederlandse militairen en van het geheel ontslaan van het voltallig personeel had niet het gewenste resultaat opgeleverd. De situatie na het terugtrekken van de militairen werd hetzelfde en bij het ontslaan van de voltallige leiding en bewakers was er zoveel tegenwerking dat zeer vele weer terug moesten gezet worden op hun plaats.

Na de vele voorbeelden gehoord te hebben vroeg ondergetekende wat er nu, op dit moment, gaat gebeuren. Uit monden van heer Dick bleek dat er al veel gaande was. O.a. het verhogen en aanpassen van muren en diverse voorzieningen. Ook zou de minister bezig zijn om een opleidingschool voor gevangenis bewaarders te starten.

Op de vraag, met Nederland? Kreeg ondergetekende te horen dat Nederland daar niet in mee deed en dat het via een ander land moest worden opgezet (Colombia of St. Domingo). Overigens was heer Dick niet te spreken over Nederland waar ook volgens hem zeer veel mis is en waar wel met het grote geld alles recht getrokken wordt! De minister was duidelijk geïrriteerd bij het woord Nederland. Wel kwam naar voren dat alle personeelsfuncties opengesteld zijn en dat er momenteel een nieuwe directeur, nieuwe onder directeur en nieuwe hoofden gezocht worden.

De minister liet duidelijk doorschemeren dat er een 'langere termijn visie' is en dat hij die zou blijven volgen. Alle 'ad hok' bes-lis-singen en ingrepen zijn volgens de minister gedoemd te misluk-ken. De minister benadrukte weer dat het alsmaar manoeuvreren is tussen de vele partijen, namelijk de bonden en de politiek en dat er alsmaar gepraat en onderhandeld moet worden.

Bij de vraag wanneer wij burgers beschermd zouden zijn, kreeg ondergetekende geen duidelijk antwoord omdat het probleem Bon Futuro een langzaam proces is.
Doorvragend dat wij burgers dus niet kunnen rekenen op de veil-igheid tegen deze criminelen, kreeg ondergetekende nauwe-lijks een antwoord buiten dat de justitie en minister met handen en voeten gebonden waren en veel afhing hoe de 8 bonden en politiek zich opstellen.

Op de vraag waarom er geen maatregel vanuit justitie en de minister komt was het antwoord dat dit niet kan daar er eerst nog meer onderzoeken moeten komen en die worden alsmaar bemoeilijkt. Bemoeilijkt door het optreden van vele personen. Ook zou ingrijpen niet democratisch zijn.

Op de vraag wie de baas is boven de minister en de PG heer Piar kreeg ik van beide heren te horen dat wij burgers dat waren. Waarop ondergetekende hen vertelde dat ze in moesten gaan grijpen in de gevangenis! Weer werd er terug gevallen op 'het gebonden zijn'. Toen werd duidelijk gemaakt dat het systeem en de wetten op deze eilanden niet werken maar dat zeer zeker de wetgeving niet toereikend is in de huidige tijd. Om dat te veranderen is kennelijk nog meer tijd nodig en kunnen we op korte termijn daarop niet rekenen!

Uit het gesprek bleek duidelijk dat de minister gekozen heeft voor een lange termijn oplossing en daar niet vanaf wil wijken. De veiligheid van ons burgers zal nog geruime tijd in gedrang zijn en vandaar dat ondergetekende ook het daarop verder zal aankaarten bij eventueel de Nederlandse regering of eventueel het Europees hof. Wij burgers van Curaçao worden NIET beschermd door onze minister van justitie heer Dick en PG heer Piar die kennelijk een speelbal zijn van de binnenlandse politiek en de bonden. Naar mijn mening en de vele stukken die ondergetekende in bezit heeft kan ondergetekende het nog scherper stellen. Ook deze heren zijn een speelbal van de maffia en corruptie van dit eiland.

Na wat nog enkele andere zaken besproken te hebben vertrok ondergetekende rond 9.00 AM uit de vergaderzaal.

Toelichting

Op diezelfde dag werd ik 's middags gebeld door heer René Roodheuvel van Radio Wereldomroep. Deze wilde een interview over de zaak Bon Futuro en het rapport. Tot op dat moment had nog steeds de nationale pers niets ondernomen, bang dat ze waren, stil, werkelijk stil en ze lieten zich werkelijk kennen. Ze bewijzen allemaal keer op keer dat ze onder druk staan van enkele zeer machtige partijen.

Dit had ik al eens eerder meegemaakt. Toen ik een zwaar geval signaleerde van aanvallen, daarop gijzeling, intimidatie van toeristen en de beelden en getuigen liet zien en horen aan de Amigoe, waar de toenmalige hoofdredacteur niets mee deed en het niet durfde te publiceren. Als de dood dat ze aangevallen of aangesproken zouden worden.

Het was ondertussen stil uit de lokale hoek maar dat was zeer zeker de stilte voor de storm.

Die avond kreeg ik kreeg thuis het interview rond zes uur en dat ging als volgt.

Radio Holland Wereldomroep
Interview met heer René Roodheuvel

Op Curaçao is een rapport naar buiten gekomen over corruptie en misstanden in de Bon Futuro-gevangenis sinds 1992. De opsteller is een ex-gevangenbewaarder, die het stuk her en der tevergeefs had aangeboden. Tot het in handen kwam van John Baselmans van de Movimentu Kontra Korupshon (MKK, beweging tegen corruptie). Hij mailde het naar Nederlandse politici, onder wie staatssecretaris Ank Bijleveld van Koninkrijksrelaties.

"Wapensmokkel en drugssmokkel door de bewaarders, seksueel gebeurt er heel veel, intimidaties, valsheid in geschrifte, verduistering", somt Baselmans een deel van de waslijst aan misstanden op, die door de klokkenluider sinds 1992 zijn vastgelegd. Daarvan ondervond hij ook de gevolgen. "Hij is op non-actief gezet en al die dingen meer."

Volgens Baselmans heeft de ex-bewaker bewijzen voor zijn beweringen, al geeft hij toe dat hij het niet zelf kan controleren. In ieder geval heeft hij hem duidelijk gemaakt dat het essentieel is om de beschuldigingen hard te kunnen maken. Het rapport van ruim 170 pagina's is een verzameling van zaken die de gevangenbewaarder heeft proberen te rapporteren aan zijn meerderen.

Tijdens haar werkbezoek aan Curaçao praat staatsse-cre-taris Bijleveld ook over de Bon Futuro-gevangenis. Zij heeft snel gereageerd op het rapport dat Baselmans haar heeft opgestuurd.

"Ze was blij dat ze het in handen had omdat ze op het punt stond naar de Antillen te komen." Het Nederlandse Openbaar Ministerie heeft het rappport onder de aandacht gebracht van politici die met Antilliaanse aangelegenheden belast zijn, zegt Baselmans.

Angst

Op Curaçao heeft aanvankelijk niemand gereageerd, ook de media niet. "De mensen zijn hier erg bang", aldus Baselmans. Maar intussen heeft hij gesprekken gehad met procureur generaal Dick Piar en minister van Justitie David Dick. De conclusie van de corruptiebestrijder is dat de vakbonden hun invloed laten gelden bij het tegenhouden van maatregelen.

Illustratief voor die invloed is dat eerdere pogingen om veranderingen door te voeren bij de gevangenis zijn mislukt. "Een paar jaar geleden is de volledige top van de gevangenis plus bewaarders ontslagen. Het grootste deel moest weer terugkomen door druk van buitenaf", aldus Baselmans.

Bewijs

Hij hoopt dat justitie alsnog het probleem bij Bon Futuro aan gaat pakken. Er is voldoende bewijs voor de misstanden, denkt Baselmans: "Ik heb begrepen van Piar dat er veel meer meldingen binnen zijn gekomen." Het probleem is dat sommige mensen niet door durven te zetten en hun meldingen weer intrekken.

Ondertussen kreeg ik deze mail in mijn mail box;

Mail

Subject: Re: update op het artikel "Bon Futuro, moord, drug s en wapens"

Date sent: Thu, 26 Mar 2009 10:09:55 +0100

Geachte heer Baselmans,

Dank voor uw emails, ik heb ze doorgestuurd naar onze correspondent. Ik hoorde dat hij naar aanleiding daarvan bij u langs is geweest. Het gesprek is rond 9.15 uur (NL tijd uiteraard) uitgezonden op radio 1. U kunt het terugluisteren via, uitzendingenarchief. We blijven uiteraard graag op de hoogte!

Vriendelijke groeten,
Rienk Kamer
Verslaggever NOS Nieuws

Toelichting

Het interview werd uitgezonden op vele Nederlandse radio - en TV stations de morgen daarop en ook werd er in de kranten aandacht aan besteed. Op dat moment brak, cok hier op het eiland de hel los.

De lokale radio stations gingen het interview overnemen van de Wereldomroep en alle stations lieten de 5 minuten tellend interview horen. In een keer had de lokale pers lef want ze konden zich toen allemaal schuilen achter de Wereldomroep.

Ik heb nog nooit zo'n stelletje lafaards gezien en ik kreeg een duidelijk bewijs dat er niet één radio station of krant op dit eiland een werkelijk persagentschap is die verantwoording durft te nemen! Alsmaar blijkt dat zolang ze maar kunnen schuilen achter anderen, ze willen publiceren! Niets vreemd want zo hangt ook onze politiek aan elkaar vast en veelal onze samenleving. Bang, bang en o zo bang!

Alle kranten begonnen hun eigen versie op het interview te schrijven en er waren er zelfs die beweerden mij geïnterviewd te hebben! Och, leugen om bestwil, zullen we maar zeggen!

Op één radio station na, heeft geen enkele radio station mij later geïnterviewd samen met deze man. Niet één krant heeft ooit contact met ons opgenomen! Werkelijk laag bij de grond zoals lafaards zich gedragen. Waar kakkerlakken de hoofdrol spelen met agentschappen!

Maar nu had ik degelijk het bewijs van de pers Nederlandse Antillen dat zij werkelijk geen nieuws durven uit te brengen! Maar wees niet bang, er gaat nog veel meer komen.

Ondertussen werd ik geschreven door een andere politicus vanuit Nederland, Heer Bockhove.

Mail

Subject: rapport piw'er Bon Futuro.

Date sent: Thu, 26 Mar 2009 21:17:22 +0100

Geachte heer Baselmans,

Vanochtend hoorde ik u op Radio1 in het Radio1 Journaal. U sprak over een rapport van, met respect gesproken, een piw'er, die een rapport heeft geschreven over de hem bekende misstanden in de gevangenis Bon Futuro.

Uit het bericht bleek ook dat u dit rapport hebt gestuurd aan par-lementariërs in Nederland. Mijn naam is Bas Jan van Bochove en ik ben lid van de Tweede Kamer voor het CDA. Als woordvoerder Nederlandse Antillen en Aruba ben en voel ik mij zeer betrokken bij de eilanden. Op 3 januari bezocht ik de gevangenis met een parlementaire delegatie en daar ben ik erg geschrokken van de omstandigheden. Onlangs nog heb ik met mijn collega's van Gent en Leerdam vragen gesteld over een misstand in de gevangenis. Om een compleet beeld te krijgen is elke informatie welkom. Tegelijkertijd zijn de mogelijkheden voor een Nederlandse parlementariër om "in te grijpen" beperkt. Uiteraard ligt hier een belangrijke verantwoorde-lijkheid voor de volksvertegenwoordigers van de Nederlandse Antillen. Toch voeren wij in elk overleg met de Staatssecretaris voor BZK de situatie in onder andere de gevangenis op als dit nodig is. Op die manier holt naar ik hoop de druppel de steen. Iedere keer opnieuw vragen wij de staatssecretaris de druk op te voeren. Graag verzoek ik u om, zo mogelijk, ook mij een digitale versie van het rapport te sturen. Daar zal ik zorgvuldig mee omgaan.

*Een (positieve) reactie zie ik met belangstelling tegemoet en ik dank
u voor de moeite die u neemt.*

Met vriendelijke groet,
Bas Jan van Bochove.
Lid van de Tweede Kamer der Staten-Generaalvoor het CDA.

Toelichting

Den Haag was dus duidelijk wakker en er zou na het versturen
van het rapport naar de heer Bochove een zee aan Kamervragen komen
voor onze minister van koninkrijkszaken mevrouw Bijleveld.

Duidelijk dat nu vanuit de Nederlands politiek te veel mensen
actief werden en zo tot resultaat moest leiden. Wel was het een
verademing dat ik eindelijk weer eens brieven kreeg op niveau en
zonder persoonlijke aantijgingen en aanvallen.

Wat me wel opviel was dat de hardste schreeuwer in het
verleden, heer Brinkman, akelig stil was en ik schreef hem dat dan
ook. Ik kreeg antwoord, niet van hem zelf, zoals normaal, maar via
een medewerker.

Mail
Subject: Spreektekst en Vragen Hero Brinkman
Date sent: Wed, 1 Apr 2009 15:17:55 +0200

Geachte heer Baselmans,

Namens Hero Brinkman stuur ik u het ongecorrigeerd stenogram van de mondelinge vraag van dhr. Brinkman gisteren en zijn naar aanleiding van de affaire Holiday gestelde vragen:
Hoogachtend,
Daniel van der Stoep
Drs D.T. van der Stoep

Toelichting

Helaas oud nieuws want deze vragen waren al in de krant maar ook in de Antilliaanse nieuwsbrief verschenen en juist daar ging het om, deze vragen waren niet werkelijk scherp. Maar het was iets maar stelde niet veel voor na de werkelijke regen van vragen van de vele andere Nederlandse politici.

Het was typerend dat het wel diezelfde heer Brinkman was die me bij Avila ontving en vertelde dat er wat moest veranderen. Hij liet toen al doorschemeren dat 'nee' een goede optie zou zijn maar toen ik daarop antwoordde dat dan Nederland er zeer gemakkelijk vanaf zou komen was deze man stil. Dat gesprek met hem leek af en toe werkelijk op een reclame campagne maar hij vertelde me toen wel hoe het toen komende POK overleg zou gaan verlopen.

Het was werkelijk een genot te zien dat ook Nederlandse politici alles doen om maar in de publiciteit te komen en ik moet nageven dat PVV dat aardig lukt.

We hebben nog wel daarna wat briefwisseling gehad en daarom kwam het vreemd over dat in een keer een heer Drs D.T. van der Stoep om de hoek kwam. Kennelijk had ik te veel naar buiten gebracht en met die hele Bon Futuro een kaart uit zijn hand getrokken.

Het zal hem ook niet werkelijk bevallen zijn dat ik vele Nederlandse politici achter deze zaak heb gezet en meer response kreeg van hen dan van hem.

Slechte verliezer? Och, zo wil ik het toch niet stellen, het gaat in de politiek meer om 'punten'! Deze punten zijn meer gescoord door de heren Bochove, Remkes, Ballin en mevrouw van Gent die werkelijk reageerden op mijn mails. Mails die ook heer Brinkman ontvangen had maar zoals al eerder bleek, nooit werkelijk als interessant genoeg werden beschouwd. Zo gingen de punten dus naar anderen. Overigens, andere politici die zich wel druk maken om een oplossing te vinden in deze zaak en niet alles afdoen met *verkopen die hap*' of een stemadvies te geven om op '*nee*' te stemmen en kwaad zijn als mevrouw Bijleveld zich in de politieke 'si' campagne werpt. Soms vraag je werkelijk af waar de politici in het leven en in welke wereld ze rondhangen.

Weer merkt u dat ik toch weer in de politiek was beland maar nu meer in die van Nederland. Lokaal heeft verder niemand gereageerd. Natuurlijk niet want het was de meest ongunstige tijd voor hen dat dit rapport naar buiten kwam. De hele Nederlandse delegatie bleef maar hameren op de wantoestanden in de gevangenis maar ook werd er steeds meer over de corruptie gesproken. De foto's die in de kranten moesten verschijnen met glimlachende gezichten bleven uit. Weg ego, weg oo zo mooie foto sessie! De Antilliaanse politiek heeft zich werkelijk in de kaart laten kijken en dat viel de Nederlandse politici ook op.

Bij thuiskomst van mevrouw Bijleveld bleek dat er een berg aan documenten klaar lagen voor haar met vragen. Vragen waar vele politici eindelijk een antwoord op wilden hebben. Nu dacht kennelijk mevrouw Bijleveld alles nog te kunnen lijmen maar met name heer Remkes was duidelijk: 'We krijgen geen antwoord op onze vragen' en 'u schuilt zich onder antwoorden die al 15 jaren oud zijn' en zo is mevrouw Bijleveld opnieuw ter zake geroepen en moest weer hals over kop terug naar de Antillen. Niemand weet waarom maar wel met een mededeling dat wij als Antillen getoetst gaan worden op corruptie!

Ja, u gelooft het of niet, MKK heeft kennelijk wat losgemaakt en steeds meer verschenen er artikelen over corruptie op deze eilanden. Je kunt wel, net zoals heer Brinkman roepen 'boevennest' en 'corrupte bende'. Maar als je dan stil bent wanneer het werkelijk ter sprake komt, dan valt je geloofwaardigheid wel.

Lang is ook aan mij getwijfeld met mijn stukken en ik weet zeker dat u nog twijfelt. Maar een ding is zeker, in al die jaren heb ik volgehouden en gesignaleerd dat het hier niet klopt. Nu met MKK is er duidelijk wat losgekomen en zijn vele buitenlands politici gaan nadenken.

Ondertussen kwam een ander bericht/interview op de Wereldomroep;

Radio Verslag Wereldomroep Mevrouw Bijleveld

De Antilliaanse minister van Justitie, David Dick, heeft Nederland om extra hulp gevraagd voor de Bon Futuro-gevangenis op Curaçao. Daar ontsnapten onlangs vijf gevangenen, wat nieuwe voeding gaf aan de grote zorg in de Tweede Kamer over de omstandigheden in de gevangenis.

Volgens staatssecretaris Ank Bijleveld van Koninkrijksrela-ties is er in de gevangenis vooral behoefte aan menskracht. "Daar zullen we serieus naar kijken." Zelf had de staatssecretaris ook wat onderwerpen op haar agenda over de gevangenis.

Er is in de Bon Futuro behoefte aan zowel leidinggevenden als gevangenbewaarders. De 9,5 miljoen euro die Bijleveld al op haar begroting had uitgetrokken voor de gevangenis wordt versneld besteed, heeft ze afgesproken. "Dat geld moet besteed worden aan veiligheidsmaatregelen."

Voor 1 juni zal de Tweede Kamer over de voortgang worden ingelicht. Die opdracht heeft de staatssecretaris gekregen van de Tweede Kamer, die een motie van GroenLinks over de misstanden in Bon Futuro heeft aangenomen.

Toelichting

Ik schreef na die regen van vragen een brief naar alle politici die in de laatste dagen mij geschreven hadden en die ging als volgt.

Geachte.....

Eindelijk is Den Haag ontwaakt en ik las in de krant dat er vele vragen gesteld zijn. Ik heb eens in een van mijn boeken geschreven (Moderne slavernij in het systeem) dat de maffia de dienst uitmaakt op deze eilanden. De maffia die tot ook hoog in justitie/ rechters/ Gouverneur en zelfs Den Haag doorspelen. Iedereen lachte me uit en verklaarde me voor gek ondanks de vele bewijzen die er zijn. Nu zal Nederland zelf ondervinden dat ook Nederland zelf speelbal is van die maffia. U ziet het nu met eigen ogen aan de "vreemde" beslissingen die er zijn genomen. In ieder geval is Nederland nu wakker en ik hoop uit de grond van mijn hart dat deze maffia eens eindelijk aangepakt gaat worden. De containers drugs, wapens en goederen komen dagelijks binnen, gokken en mensen/kinderhandel is hier iets normaals en de Nederlandse rechters laten dit allemaal toe. - Het vervalsen van getuigenissen zijn ook in mijn bezit ivm. met een moordzaak waar twee jongens onschuldig nu voor 26 jaren vastzitten. - Vervalsingen in belasting papieren en oplichting van Nederlandse militairen! Ga zo maar door maar dit allemaal gebeurt onder Nederland! Een Nederland dat al tientallen jaren slaapt en afkoopt.

Maffia is de drijfsfeer van deze eilanden en daar heeft Nederland al lang geen greep op.

Ondertussen is vannacht onze minister van justitie Heer David Dick gestopt en heeft zich uit de politiek teruggetrokken. Natuurlijk elk integer mens wil niet verenigd worden met de maffia. (*bleek later een 1 april grap te zijn van de plaatselijke pers*).

Waar blijft artikel 43? Wij burgers zijn al lang niet beschermd zoals artikel 41 ons voorhoudt! Nederland is bang en ook zelf onder de druk van de maffia. Alles wijst erop. Ik adviseer uw voelhorens open te zetten en zelf te zien in hoeverre de maffia zich ook in Nederland heeft genesteld.

Ik wens u veel succes
Met een zonnige groet

John Baselmans
MKK Curaçao

Toelichting

Er kwam antwoord en een van hen was Mevrouw van Gent die schreef;

166

Mail

Subject: RE: Den Haag ontwaakt

Date sent: Wed, 1 Apr 2009 14:38:58 +0200

Geachte John Baselmans, Hartelijk dank voor uw mail. Ik zal er mijn voordeel mee doen. Groeten vanuit een zonnig Den Haag (letterlijk),

Ineke van Gent
Tweede Kamerlid GroenLinks

Toelichting

Op deze laatste mail kreeg ik tot zover nog enkele andere reacties vanuit politiek Den Haag en wist nu dat er werkelijk serieus gewerkt werd aan het geheel van de corruptie en de zaak om en rond Bon Futuro.

Later kwam er nog een interview met een van de vakbonden 'Straf' genaamd, voor de poort van de gevangenis en die werd afgenomen, ook weer, door Radio Wereldomroep de heer René Roodheuvel.

Radio Verslag Wereldomroep STRAF

Ruim twee weken na de ontsnapping van gevangenen uit de Bon Futuro-gevangenis - waarbij korte tijd ook twee bewaarders werden gegijzeld, is de sfeer binnen 'gevoelig'. Vier van de ontsnapten zijn nog altijd voortvluchtig.

Volgens Deanix Martis van de vakbond STRAF, die zelf ook bewaarder is, hebben zijn collega's een verbod gekregen om met de pers te praten. Waren de bewaarders na de gijzeling 'onrustig', nu zijn ze vooral boos en afwachtend over de komende ontwikkelingen. 'Wat zijn de gevangenen van plan' en komen er wellicht nieuwe ontsnappingen?

STRAF heeft geen vertrouwen in de huidige aanpak van de problemen in de gevangenis op Curaçao. De situatie binnen de muren is onveranderd, ook na de invoering van nieuwe roosters. "Er is niks uitgekomen, want die mensen zijn niet klaar om dat werk te gaan doen."
Voor het op de juiste manier omgaan met gevangenen is een goede voorbereiding en opleiding nodig, aldus Martis.

Volgens de vakbondsman moet er vooral meer personeel komen in de Bon Futuro en hij juicht dan ook toe dat Nederland in die zin om hulp is gevraagd. Met meer mensen kun je een betere controle uitoefenen en kun je ook dagprogramma's maken voor de gedetineerden. "Hou ze bezig, zodat ze niet aan ontvluchten en andere slechte dingen denken."

Dagprogramma's

Hoewel er wellicht anders wordt beweerd, zijn er voor de meeste gedetineerden geen dagprogramma's. Het gaat om 'pure opsluiting en ze zitten op de luchtplaats van 8 uur tot 6 uur. Dat is teveel voor mensen die binnen de vier muren zitten'. Nu is er alle tijd om ontsnappingsplannen te beramen, beaamt Martis. Ook zitten soms '72 mensen op één plek en dat is teveel voor de capaciteit van ons personeel'.

Onlangs bracht de Movimentu Kontra Kurupshon (MKK) een rapport naar buiten over corruptie onder het gevangenispersoneel. De opsteller is een ex-collega die meerdere keren zaken naar boven zou hebben gerapporteerd, maar geen gehoor zou hebben gekregen.

Martis wil het rapport eerst grondig bestuderen, maar zegt dat het deels om oude beschuldigingen gaat. In algemene zin vindt hij dat als er bewijsbare feiten zijn, dat dan het Openbaar Ministerie haar werk moet doen. Tot het tegendeel blijkt, staat de vakbond achter haar mensen. "Als je foute dingen doet, dan moet je gewoon de consequenties dragen."

'Vakbonden belemmering'

MKK-voorzitter John Baselmans heeft over het corruptie-rapport overleg gehad met minister David Dick van Justitie. In dat gesprek zei Dick volgens Baselmans dat de vakbonden een belemmering vormen voor snelle verbeteringen binnen de Bon Futuro. Maar Deanix Martis werpt dat ver van zich.

Volgens hem "schuift de minister zijn verantwoordelijkheid altijd af naar iemand anders. Hij heeft de macht om beslissingen te nemen, maar hij neemt ze niet. En als die beslissingen goed zijn, dan kunnen de vakbonden niet tegen zijn."

De verbeteringen van minister Dick zijn 'mooie plannen', maar ze kosten geld en dat zegt hij steeds niet te hebben. In ieder geval heeft het tot dusver volgens de vakbond niet geleid tot een verbetering in de situatie en de veiligheid voor zowel de gevangenen als het personeel. "We kunnen niet doorgaan met plannen waarvan we weten dat het niet tot een einde komt." Volgens Martis zijn nieuwbouw, meer personeel en goede dagprogramma's voor de gedetineerden de enige echte oplossing voor de problemen binnen de Bon Futuro.

Toelichting

Tot zover is de zaak nu aan het rollen. Hoe het af gaat lopen is een andere zaak en het is de tijd die het zal leren. Toch kan ik naar alle tevredenheid terug zien waar vele zaken aan het rollen zijn gegaan.

Postygate; waar aan gewerkt wordt.
Bon Futuro; deze zaak van de gevangenis is aardig hoog opgelopen. Ondertussen heeft die man toezegging gekregen om zijn examen te mogen doen en wordt er gekeken voor ander werk voor hem.
Corruptie; wordt nu van alle kanten belicht en zelfs aangehaald, in pagina's grote kranten artikelen.

FZOG en niet verzekerden; waar onze minister van volksgezondheid alsmaar blijft schuilen achter onmacht en misschien wel onkunde.

Veroordeelde/Klasse justitie; De zaak van de twee veroordeelde jongens uit Bonaire waar nu een onderzoekscommissie bezig is om te kijken welke rechterlijke dwalingen er zijn geweest.

Postspaarbank; die ook is aangekaart, gaat een gevolg hebben.

Deze zaak is in een leegte gevallen maar het gaat erom dat bij de Postspaarbank je inleg niet gedekt is. Iets waar we al lang over weten en waar internationaal al veel om te doen is. Geld is niet meer gedekt en we leven met papieren schuldbekentenissen naar banken en van banken. Geld heeft geen waarde meer en is niet meer gedekt door waarde zoals metalen of objecten. Zo ook dus de zaak Postspaarbank waar een persoon niet meer dan vijfduizend gulden cash af kan halen. Voor meer dan dat bedrag krijg je een cheque en kun je kijken of er een MCB of RBTT deze wil verzilveren! Postspaarbank heeft geen cash geld en kan je inleg niet garanderen. Maar het gaat verder.

Er is niet één bank die uw spaargeld kan garanderen en is wettelijk ook niet gedekt! Angstvallig zijn deze stukken van mij nooit doorgekomen en nooit beantwoord geworden, puur omdat dat paniek zou veroorzaken. Het is en blijft gesust worden en onze Nationale Bank is o zo bang dat mensen hun geld massaal af gaan halen. Geld wat er niet is.

De vele zaken zoals; **MCB creditcard, Posterijen, Curgas, UTS, Aqualectra, Dierenleed op Curacao,** waarbij ik allemaal gehoor kreeg en zo de zaken opgelost werden of nog gaande zijn.

Maar om op de zaak Bon Futuro terug te komen, het was op één na mijn grootste zaak en het was een geweldige ervaring om samen te werken met zoveel internationale politici. Mensen in het buitenland die mij tenminste correct behandelen en mensen die open staan voor de vuilnisbelt hier op de Antillen met leerkrachten als hun leiders. Wat een verschil en wat een prettig gevoel als je eens als een volwaardige burger wordt beschouwd.

Toch wil ik twee mensen aanhalen die in mijn ogen werkelijk menselijk zijn en kennis van zaken hebben, dat zijn de heer David Dick en de heer Piar. Beide heren hebben mij in staat gesteld om mijn woord te doen als burger en ik heb vele waardevolle tips van hen mogen ontvangen. Ook beide heren wisten hoe je werkelijk moet vergaderen en niet zoals mevrouw Leeflang alsmaar het woord willen hebben om een wil door te drijven! Nee, deze twee heren zijn heren die respect afdwingen door zelf mensen met respect te behandelen. Het gevoel was goed en helaas kan ik dat van de vele andere politici niet zeggen. Ze schieten veel te kort en ze weten niet te praten noch te onderhandelen en belangrijker nog, te luisteren.

Deze zaak was leerzaam en heeft mij werkelijk laten zien dat veel mogelijk is. Zolang als je als burger doorzet en blijft registreren ,gaan bepaalde zaken zeker draaien en loskomen. Er vanuit gaan dat je toch niets kunt veranderen is bij voorbaat al toegeven aan je eigen onkunde!

Alles is te veranderen maar het is net hoeveel energie je erin wilt steken. Het hele leven is energie en de vraag is: Wat ga je daarmee doen? Zaken die voor een gewone burger onmogelijk zijn, kunnen toch door die gewone burger aangepakt worden.

172

Het is zaak als gewone burger naar buiten te komen en niet de weg van het systeem te gaan bewandelen. Daar heeft het systeem en zijn handlangers altijd een antwoord voor klaar en dat zie je aan de standaard brieven als je die mensen op die manier benadert. Maar ga je als mens op het probleem af dan gaan er deuren voor je open, net zoveel deuren als in mijn geval.

Terug naar het dagelijks leven en weer terug naar het signaleren van vreemde maar ook positieve zaken.

Ingezonden *Maart 2009*

Positieve Curgas

16 februari bestelde ik 2 gasflessen en kreeg van de vriendelijke dame achter de balie te horen dat het 8 weken ging duren. Nu las ik in de krant dat Curgas een inhaalprogramma was gestart en belde afgelopen week Curgas op en kreeg het bericht te horen dat de komende woensdag of vrijdag wij voorzien zou worden van gas. Vrijdagmorgen kreeg ik van een nette dame te horen dat we inderdaad vrijdag op de lijst stonden. Helaas vrijdag geen gas maar wat verwekte mijn verbazing? Zondagmorgen stond meneer Curgas voor mijn deur met de twee gevraagde flessen. Wel wat later dan de vrijdag maar zeker geweldig dat er ook op zondag geleverd wordt. 4 weken en gas in huis. Kijk dat is toch service en daarom een pluimpje aan de vriendelijke dames die mij te woord stonden en de twee heren die op zondag toch maar even langs kwamen op

Banda'bou. Danki pa boso bon trabou i servisio.

Toelichting

Dit stuk was eindelijk weer eens een positief stuk en ik vond dat het best eens geschreven mocht worden. Zeker na vele negatieve publicaties die niet de gehele waarheid bevatten, namelijk de leugen dat Curgas niet bereikbaar was. Ik belde op en hoorde meteen *'goede middag u spreekt met Curgas'*. Verder de nog andere wilde verhalen. Nou, ik kan niet anders zeggen dat in mijn ogen veel fantasie in de kranten werd geplaatst, iets waar de kranten zich regelmatig schuldig aan maken.

Ingezonden *Maart 2009*

Logge wetsveranderingen?

Vergeet het maar. U zult dit niet geloven.
U weet onze bestuurders hebben altijd de smoes dat het een lange weg is om wetten of regels te veranderen en doorheen te krijgen. Laatst hoorde ik deze smoes nog van onze minister van volksgezondheid. Werkelijk, soms ga je het geloven.

Maar.... hoe verklaart u dit dan?
Na vele negatieve adviezen omtrent een zaak over een toeristisch project hier op Curaçao kreeg mevrouw Mw. mr SF.C. Romer op 5 februari 2007 opdracht om advies te geven over deze zaak. Op 9

174

maart 2007 schreef Mw. Romer een 6 pagina's tellende mail en werd er haarfijn uitgelegd hoe en wat te omzeilen en welke veran-deringen in de wet gedaan moesten worden om deze vergunning te verstrekken. Er werd zelfs aangeraden met spoed deze vergunning af te geven.

Nu komt het;
In het stuk "Aanmerkingsformulier voor stukken van de raad van ministers" bleek dat alle akkoorden getekend zijn geworden tussen 28 en 30 maart 2007! Binnen 3 dagen waren het alle ministers mee eens! Op 4 mei 2007 kwam het Publicatieblad Ao 2007 No 29 uit en was de vergunning rond en beklonken!! Overigens alle stukken zijn in mijn bezit.

Nu jij, dan ik en wij maar geloven dat alles echt langzaam gaat op dit eiland!

Toelichting

Dit stuk was 2 weken **later** geschreven maar toch eerder in de kranten geplaatst dan het hierop volgende stuk. Kennelijk met veel misverstanden en de gebruikelijke lange tener van deze politicus.

Het ijlen van mevrouw Leeflang

Na regelmatig aandacht besteed te hebben, kregen we een uitnodiging van mevrouw Leeflang om de vele perikelen door te nemen in het PAR gebouw 19 februari jl. Ik kan u vertellen, ik kwam bijna naar buiten met een hartaanval. Niet een natuurlijke aanval maar een die opgewekt is door de vele verzinsels die ons voorgeschoteld werden.

Er werd ons 3 brieven in de hand gedrukt waaruit moest blijken dat er binnenkort een wetsverandering zou plaatsvinden (nog dit jaar werd er verteld). Op de vraag hoelang wij ons in leven moesten houden ZONDER verzekering, begon mevrouw Leeflang met de blaadjes te wapperen en vertelde dat ze niets meer kon doen voor ons dan deze blaadjes. Na die tijd heb ik verschillende malen een "reminder' gestuurd naar de minister en de partij. Helaas die zijn, zoals altijd, onbereikbaar en bij mij is als kiezer toch geen eer te behalen! Van de drie brieven mochten we er een mee naar huis nemen want de andere waren nog maar wetsvoorstellen. Nu heeft mevrouw Leeflang zelfs haar beloftes opgevoerd en hebben we bij "ja" kans op een nieuw ziekenhuis. Ik kan u zeggen deze vrouw ijlt werkelijk. Ze laat dagelijks burgers doodgaan daar ze de verzekeringen zgn. niet snel kan veranderen maar gaat nu ook nog beloven dat we in een nieuw ziekenhuis terecht kunnen komen als we stervend "ja" stemmen! Mevrouw Leeflang, het lijkt me beter dat u eerst eens begint bij het begin en start met uw werk als minister van volksgezondheid en zorg voor de vele niet verzekerden en de zeer vele FZOG verzekerden die gedoemd zijn vroegtijdig te sterven door uw toedoen.

Succes met deze taak.

Toelichting

Dit stuk had ik, zoals eerder vermeld, al twee weken eerder gestuurd naar de kranten. Ondertussen had mevrouw Leeflang me al op hoge poten gebeld en mij werkelijk duidelijk gemaakt dat ze verder niet veel kon doen. Het stuk 'Logge wetsverandering' was geschreven door mij vóór dit stuk. Toch plaatsten de kranten dat stuk na 'Het ijlen' omdat er weer dubieuze gevallen waren in de gezondheidszorg. Gevallen, zoals ze alsmaar opduiken en de minister zich van deze verantwoordelijkheden terugtrekt.

Ook zo het geval FZOG, wat de minister alsmaar afschuift naar de gedeputeerde van financiën. Als je dan vraagt wie de minister van gezondheid is dan krijg ik een duidelijk 'ik' te horen, maar dat is werkelijk een algemeen probleem met onze politici. Ze willen allemaal op de foto als het goed gaat, maar als er verantwoording afgelegd moet worden is het net die ander die het moet regelen.

Als antwoord op bovenstaand stuk kreeg ik deze keer geen direct telefonisch antwoord van deze minister zoals gewoonlijk het geval is,

Wel is reeds drie maal een mail op mijn scherm opgedoken onder een valse naam, die ik u hierbij laat zien.

Mail
"L.J.Chr. Dee"
Subject: blijf op niveau
Date sent: Thu, 2 Apr 2009 21:24:10 -0400
Date sent: Sun, 5 Apr 2009 19:46:34 -0400
Date sent: Wed, 29 Apr 2009 06:29:40 -0400

Curacao, 2 april 2009

Re.: wat u niet wilt dat u geschiedt doe dat ook een ander niet

Geachte heer Baselmans,

Hoewel ik soms uw ingezonden stukken zelfs interessant vind, zijn deze meestal zonder te bagatelliseren in vergelijking met andere problemen op ons eiland c.q. in ons land van ondergeschikt belang zoals de postzegelontwerpen en verdienen derhalve geen hoge prioriteit, als er al mogelijkheden zouden zijn om die problemen op te lossen. Door alle frustraties verliest u blijkbaar elke redelijkheid uit het oog en nog erger de waarheid getuige uw 2 epistels, waarbij u met nadruk de minister van volksgezondheid noemt en u kunt juist dan verwachten, dat reminders uwerzijds met dezelfde egards behandeld worden als waarmee u personen vals beschuldigt, een leugenaar noemt, een ijlziekte toekent en wat dies meer zij. U dient zichzelf dienaangaande meer in de hand te houden, want u heeft met een minister te doen die in iets meer dan een blauwe maandag met aanzienlijke problemen in de gezondheidszorg is geconfronteerd, welke niet van vandaag of gisteren zijn, en zich daarvoor 3 slagen in de rondte werkt en daarom absoluut geen tijd heeft als u de hele dag om ingezonden stukken te fabriceren. Uw onwetendheid en ondeskundigheid en blijkbaar kwader trouw moeten u in uw 1ste stuk tot een vergelijking van appels en peren hebben verleid, want de procedures van wetgeving duren inderdaad lang. Tijdens de besloten bijeenkomst op 19 februari j.l. heeft de minister een ver- volg-bijeenkomst toegezegd om de voortgang van het proces nader toe te lichten, maar pas na 1 juli a.s. en zijn uw reminders totaal zinloos en contraproductief. Het geheel verliest geen moment haar aandacht en is in full swing zoals u vandaag heeft kunnen vernemen uit het bericht, dat de BZV bij de SVB zal worden ondergebracht. Over de mensen, die niet verzekerd zijn en volgens u zelfs door toedoen van de minister vroegtijdig sterven (hoeveel lager kunt u nog gaan?) het volgende: de belangrijkste groep zijn de onverze- kerde 60-plussers en zij zijn niet onverzekerd door eigen keuze. De FZOG-ers in de portefeuille van de minister van financiën zijn wel verzekerd, ook al is dat met hindernissen en ook daaraan zal aandacht worden besteed. Een laatste groep bestaat uit mensen, die door eigen keuze/beslissing gevolgd door de zorgwet van de Nederlandse ex-minister Hoogervorst slechts tot een dusdanige verzekering zijn veroordeeld, die voor sommige onbetaalbaar is. De gevolgen zou Nederland exclusief voor deze groep op basis van vri- jwilligheid moeten oplossen en niet de minister van de Nederlandse Antillen, maar desondanks zet ze zich ook voor deze groep in. Uw opmerking, dat de minister ijlt met haar informatie over een nieuw ziekenhuis, lijkt absoluut nergens naar en het zou u sieren hiervoor

*op z'n minst de minister excuses aan te bieden. Ik verzoek u om
met uw valse beschuldigingen en vernederingen per omgaande te
stoppen en dat u zich begrip, respect, volwasssen zelfbeheersing,
onderscheidingsvermogen, zelfkritiek, redelijkheid, geduld, wijsheid,
goede smaak, moraliteit en waarheid eigen zult maken en dan kunt u
niet anders dan positief over de minister van volksgezondheid schrijven, als u tenminste de drang om te schrijven niet kunt weerstaan.
Dat zou ongetwijfeld een andere/betere impact hebben dan wat u
tot nu toe met uw ingezonden stukken en reminders heeft bereikt.
Wellicht ten overvloede verzoek ik u vriendelijk deze PRIVATE mail
op persoonlijke titel de exclusieve status te geven en verder niet te
gebruiken/misbruiken.*

*Bij voorbaat dank voor uw medewerking en met vriendelijke groet,
L.J.Chr. Dee*

Toelichting

Over de mail laat ik maar even open wie deze persoon is. Een
'Dee' of Dr. Brabu (waar ik reeds eerder mail van ontving) komen
niet voor volgens Kranshi op dit eiland. Deze mail zit vol woorden die
ook uitgesproken worden door politici! Ik heb een regel. Ik reageer
niet op valse namen, pseudoniemen en/of dreigementen.

Laf en zeker erg laag bij de grond en als toegift kreeg
ik hem meerdere malen nogmaals toegestuurd. Erg is dat onze

volksvertegenwoordiging (politici) zich schuilen achter valse namen en zich inlaten met wat ook kinderen op internet doen.

Net zoals onze politici die o.a. onder LOVE op internet ronddwalen maar ook onder valse namen brieven schrijven, wat aan mij verteld is geworden in een telefonisch gesprek en in een mail. Erg dat de politiek zich verlaagt naar valse namen en valse mails!

En hoe moeten we deze mensen dan nog geloven? Politici die zelf alles laag bij de grond doen om maar 'punten' te scoren zoals ze dat zelf noemen! Punten om ooit eens op die hoge stoel te mogen zitten of om die hoge stoel te verdedigen! Laag en kinderlijk en weer een bewijs dat we met te veel meesters en juffrouwen in deze klas zitten. Een klas die politiek zou moeten voeren maar liever dagelijks vele malen op Facebook verschijnen, maar ook op andere plaatsen op het internet te vinden zijn! Is dat misschien moderne politiek? Of is het omdat hun niveau niet hoger is en dat ze elk uur een regeltje moeten schrijven wat ze nu weer aan het doen zijn? Schandalig, niet waar? Ik laat het hierbij want dit behoeft geen verdere toelichting meer.

Ik kan absoluut geen tijd en energie steken in deze laag bij de grondse politiek maar ik heb wel in de zaak van Bon Futuro geleerd dat de zeer veel Antilliaanse politici niet weten met mensen te communiceren, laat staan hen als ware burgers te behandelen. En zo laat ik deze politici waar ze thuishoren, In een NIET, een LEEGTE en met hun eigen klappende ego.

We gaan over tot de orde van de dag met een stukje aan alle trouwe ingezonden stukken lezers.

Ingezonden *April 2009*

Aan alle trouwe ingezonden stukken lezers

De tijd van gaan is nu gekomen. Niet dat ik vrijwillig stop maar meer gedwongen. Wees niet te snel blij, want ik vertrek niet van dit heerlijk eiland. Wel vertrek ik van het dagelijks beeld als ingezonden stukkenschrijver. Na verschillende malen de lokale kranten gewezen te hebben op de politieke kleur die elke krant kennelijk bezit, werden deze mails me niet in dank afgenomen.

Dagbladen schuilen zich al te vaak achter internationale pers-agentschappen, bang voor politieke represailles. Lokaal monddood maken is dan een logisch gevolg wat resulteerde in het weigeren van mijn stukken. Objectieve berichtgeving en vrijheid van meningsuiting is op de Antillen dan ook een werkelijke farce en wordt alsmaar aan de politiek gekoppeld. Gelukkig neemt de Nederlandse politiek en Europees Parlement mijn bewijzen wel serieus, evenzo de buitenlandse pers. Helaas is het mij nu onmogelijk gemaakt u daarvan op de hoogte te stellen. Toch wil ik u via deze advertentie bedanken voor de jarenlange steun en begrip en de nodige positieve en negatieve reacties. Democratisch land? Ik laat het aan u over.

Toelichting

Dit stuk heeft de kranten nooit gehaald omdat ik het beu was om nog te schrijven. De leugens, bedreigingen, vieze politiek en zijn zieke politici die alsmaar aan hun uiterlijk, ego en fotosessies denken waren me even te veel. Ik heb me wel voorgenomen om me

182

geheel van het politiek schrijftoneel terug te trekken en dat is dan ook gebeurd.

Ingezonden *April 2009*

600.000 gulden!

En er was geen geld voor de dieren hier op Banda'bou en ook niet voor verdere acties op dit eiland. Mei 1996, mei 2007, mei 2008, juni 2008, juli 2008, augustus 2008, september 2008; maakte ik melding van dit leed alsmaar kreeg ik als antwoord dat er geen geld was! Ik kook werkelijk van woede dat u over de ruggen van lijdende dieren beweert dat er geen geld is en wel 6 ton bezit voor slechtere tijden. Schaam je bestuur van de Dierenbescherming Curaçao, schaam je. Dierenvrienden pretendeert u te zijn?

Toelichting

Dit stuk was naar aanleiding van een ex penningmeester die een stuk plaatste dat de Dierenbescherming zoveel geld bezat. Ik kwam deze vrouw tegen, enkele weken voor het schrijven van haar stuk en ze snapte niet waarom ik zo tegen de Dierenbescherming was. Ik stelde wat vragen over enkele dingen en ze wist niet, als penningmeester, dat zo grote bedragen door de Dierenbescherming werden belegd. Na enkele maanden was ze daar vertrokken en verscheen dus dit stuk in de krant.

Zo zie je dat ook in de natuurwereld en zijn dieren oplichting normaal is. Wel kreeg ik enkele mails en ook reactie van een ex beheerder die ook vele 'rare' spinsels meegemaakt heeft bij het asiel. Het probleem dierenbescherming is nog steeds slepende en erg genoeg zijn het juist de dieren die de dupe zijn van dit stug bestuur. Dieren zijn echt niet nummer één maar geld staat werkelijk nog hoger op hun lijst.

Ook kwam mij ten ore dat het bedrag hoger is en is zelfs minimaal 8 ton tegen een miljoen aan! In mijn ogen schandalig en iets wat bij deze bestuursleden diep in hun geweten zal knagen.

Ingezonden *April 2009*

Postbus Barber

Eens stond ik in volle glorie als middelpunt van het dorpje Barber. Toen werd letterlijk mijn poot onder me weg gereden en belandde ik op een privé terrein. Schuin leunend tegen een oude paal verscholen achter roestig harmonica gaas. Zo sta ik mijn laatste dagen vol te maken. Geen mens die me nog ziet staan, laat staan post aan mij geeft. Helaas, dat is ook niet meer mogelijk achter het gaas. Een plaats waar ook de postbode, die sinds tijden maar één keer per week Barber bezoekt, niet meer bij mij kan komen. Kijkend naar een eveneens sombere bushalte staan we te wachten te wachten op onze laatste dagen. Terug denkend aan de goede oude tijd toen wij beide fier en als middelpunt van het dorpje Barber in dienst stonden van de daar wonende burgers. Die goede oude tijd, is niet meer.

Postbus Barber
Toelichting

Een luchtig stuk na de vele zware ingezonden stukken. Het gaat over onze postbus die werkelijk op sterven na dood is. Wel kreeg ik snel een bericht van de postdirecteur heer Paulina dat de postbus gerepareerd en op een geschikte plaats gezet zou worden.

De Bon Futuro zaak was kennelijk nog niet vergeten en er verscheen een kolom in het Algemeen Dagblad van een journalist die ook voor de Wereldomroep werkt.

Wereldomroep een stuk van Heer Jansen (Ook verschenen als kolom in het algemeen dagblad)

Het is een beetje de periode van klokkenluiders op Curaçao. Eerst hadden we die ex-werknemer van Bon Futuro, die eindelijk gehoor kreeg voor zijn rapport over de misstanden binnen de gevangenismuren. Daarna kregen we vorige week de ex-penningmeester van de Dierenbescherming in de krant, die het bestuur van passiviteit betichtte.

En eigenlijk hoort in dat rijtje ook nog de Ombudsman thuis, de beschermheer van de klokkenluiders. Hij neemt deze maand afscheid van het ambt, nadat hij jarenlang opliep tegen de klippen van het Bestuurscollege. Hij hoopte dat zijn opvolger een wat positiever gestemd BC op z'n pad zou vinden, waarschijnlijk tegen beter weten in.

Ik neem diep mijn pet af voor klokkenluiders, zéker op Curaçao. Veel voorbeelden van hoe het klokkenluiders vergaat op Curaçao ken ik niet, maar als ik Nederland erbij haal dan word je niet vrolijk. Het meest extreme voorbeeld is natuurlijk die meneer Aad Bos, in z'n eentje verantwoordelijk voor het naar buiten komen van de bouwfraude.

Een held voor veel mensen en niet op de laatste plaats voor mensen hier op Curaçao. Immers, hoe vaak hebben we die bouwfraude wel niet in de strijd gegooid als we vanuit Nederland weer eens beschuldigd werden van frauduleuze praktijken? We mogen Bos dankbaar zijn, maar van al die dankbaarheid kon hij uiteindelijk de rekeningen niet betalen. De voormalige directeur kwam uiteindelijk in een caravan terecht en kreeg pas dit jaar te horen dat hij een schadevergoeding krijgt.

Rancuneus

Hoe zou het met je gaan als je hier op Curaçao de klok luidt? Ik vermoed niet veel beter. Kijken we naar de reacties die de Bon Futuro man en de penningmeester van de Dierenbescherming op hun bordje krijgen, dan kun je uittekenen hoe men hier omgaat met klokkenluiders. Er wordt heel wat gebromd en bijna altijd krijgt de klokkenluider keihard de bal terug gespeeld: die zou rancuneus zijn, gefrustreerd, egoproblemen hebben, u noemt het allemaal maar op.

Of er werkelijk wat met de boodschap van de klokkenluiders gebeurt betwijfel ik: alles wat uit die hoek komt wordt door leidinggevenden zuchtend in het vakje 'voor het archief' geduwd.
Voor de buitenwacht doet men alsof het in behandeling genomen

wordt, maar men wacht geduldig het moment af dat de pers er geen aandacht meer voor heeft en voert het dan alsnog af. En dat moment ligt vaak al één dag verderop.

Ombudsman

En de klokkenluider blijft achter, met alle toestanden van dien. Nee, dan heeft de Ombudsman het eigenlijk nog goed hier: van hem wordt verwácht dat hij zeurt en lastig doet, daar is de man voor aangesteld. Bij een ambtenaar, een werknemer van een bedrijf, een bestuurslid van een stichting ligt dat vaak heel lastig. Daar wordt loyaliteit maar al te graag verward met kritiekloos handelen en onvoorwaardelijke steun aan het gezag. Aangevuld nog met het lokale 'Nos ta bon ku otro' sausje: wat hébben we het toch gezellig met elkaar en laten we dat vooral zo houden.

Wie in het circuit van personeelsfeestjes, gezinsuitstapjes en teambuildingactiviteiten dan nóg een ander geluid durft te verkondigen, die wordt met pek en veren het bedrijf uitgedragen. En zo blijft de geijkte ideeënbus die bij elke instantie aan de muur hangt dus heel erg leeg.

Helden

Klokkenluiders zijn helden. Ze durven zaken aan de kaak te stellen, terwijl ze wéten dat ze geen enkele bescherming genieten en door het gezag én de samenleving als hinderlijke witte raven gezien worden. Terwijl die klokkenluiders uiteindelijk vaak aan de wieg staan van vernieuwing, het openbreken van processen die nu eenmaal zijn zoals ze zijn, maar waar niemand meer de logica van inziet.

De waardering volgt pas veel later, als die al komt. En dan is de schade bij de klokkenluider al verricht en heeft die potentiële klokkenluider allang besloten om z'n verhaal niet meer te doen. Zo is het in Nederland, zo gaat het hier ook: een kwalijke zaak.

Toelichting

Wat moet ik nog toelichten. Ik weet een ding zeker ,na al deze negatieve stukken en meegesleurd worden in deze zeer destructieve, negatieve wereld is het beter dat ik een grote punt zuig aan het hele stukkenschrijven gebeuren.

Relativatie

Daar zijn we dan, door het geheel gekomen zonder kleerscheuren? Een ding is zeker, u heeft nog nooit zoveel negativiteit in één boekje gelezen. Ik kan u verklappen dat ik vele malen bij het schrijven van dit boekje schreeuwend naar buiten ben gelopen, hoe het mogelijk is dat ik in zo'n negatieve sfeer ben beland ben geweest. Het is in en in triest dat de politiek zoveel vuiligheid tentoonstelt.

Valse namen, pseudoniemen, valse verklaringen, vervalste documenten/verklaringen, eigen coalitie partners de nek proberen om te draaien en ga maar door, spelen dus dagelijks tussen de dikke muren op het fort.

Ik weet dat u me ziet als een raddraaier, lastige jongen, problemenmaker, negatieve donder. Maar hoe zou het zijn als u het ziet als een signaleren van problemen op dit eiland of als een klokkenluider? Het is ook grotendeels u, die alles negatief ziet en mij alsmaar afschildert als die halve gare op Banda'bou. Ook als de zaken te precaire worden voor deze personen, wordt het afgedaan dat ik geen verstand van zaken heb. Of u krijgt te horen dat ik maar de halve informatie weet! Toch is het vreemd dat het maar een bepaalde laag in de bevolking is die zo denkt, een slag volk wat doorgaans zelf grote problemen heeft en dingen te verschuilen heeft. Ook dat is in de laatste maanden bij vele gevallen, al sterk naar boven gekomen. Gevallen die volop mijn tijd in beslag namen. Wat bleek, de politici en mensen die zelf tot diep in de troep zitten schreeuwen het hardst!

Ze menen door te bluffen en te schreeuwen dat ze buiten de picture blijven en zelf gezien worden als een heilige, tot zelfs een God toe!

Kijk maar naar de verschillende personen bijvoorbeeld in de oppositie, die alsmaar over corruptie en slavernij lopen te schreeuwen! Maar ook in de huidige regering zijn net de hardschreeuwers doorgaans ook diegenen die veel te verbergen hebben. Ze doen o zo hun best om in de kranten voorop te staan, 'punten scoren' weet u wel, maar ook zorgen dat hun eigen vuile was van hen zelf verborgen blijft.

Ik maakte het volgende mee;
In de zaak dolfijnen kreeg ik op een gegeven moment contact met mensen die me vele informatie toespeelden over de misstanden in en om Seaquarium. Zeer vertrouwelijke informatie (die overigens in een volgend boek zal verschijnen). Ik had verschillende gesprekken met hen totdat ik een opmerking maakte dat er vele duistere Nederlanders zijn met het grote geld die hier op dit eiland koning menen te kunnen spelen. Op een gegeven moment voelde ik wat er gaande was en haalde dat zo bij verschillende van deze personen aan in een gesprek. Deze personen werden ongemakkelijk, bleven klok kijken en gingen naar huis. De contacten werden minder. Tot die tijd kreeg ik regelmatig complimenten over mijn ingezonden stukken. Maar op het moment dat ik MKK ging oprichten en mijn stukken over corruptie gingen, verdwenen deze mensen uit het straatbeeld! Vreemd? Nee, want ik werd van hun vriend, hun vijand omdat ik te veel wist, te veel aanvoelde en hun spelletjes doorzag. Dingen die vele mensen hier niet te weten komen en ook niet terzake zijn.

Zo ziet u dat ook in de politiek. Ik werk veel op gevoel en de laatste maanden heeft mijn gevoel me niet een keer in de steek gelaten. Ik heb zeer veel gesprekken gehad met veel zgn. hooggeplaatste heren en dames en ook zo politici volgens de normen van deze maatschappij. U weet dat ik een vlotte babbel heb en voor velen een grote mond die kennelijk vele mensen ongemakkelijk maakt. 'Niet erg, moet kunnen' zeggen we maar, maar wat blijkt nu. De minuut dat ik een lijntje uitgooi, happen de meest duistere figuren het hardst. Ze nemen het woord snel over en geven je dan zo geen kans meer om te praten. Althans dat proberen ze. Er zijn van die politieke figuren en pionnen die je werkelijk willen overdonderen met hun 'know how' maar helaas, ze zenden steeds meer signalen uit dat zij totaal onkundig en onbetrouwbaar zijn.

Zelfs dat heb ik gemerkt bij Nederlandse politici die verschieten als ik tussen hun woorden door laat merken dat ik meer weet en dingen doorzie. Deze gasten nemen dan of totaal geen contact meer met je op of zoals we hier enkele politieke figuren hebben, ze blijven je overdonderen met onder andere slogans op facebook of via andere kanalen!

Dom is eigenlijk niet het juiste woord. Ik heb altijd geloofd in het kunnen van ieder mens maar helaas, sinds ik enkele maanden de politiek gevolgd heb, wist ik dat ik werkelijk vele 'lege' mensen op een hoopje voor me had. Egotrippers, één voor één en alsmaar vechtend om dagelijks met een foto in de kranten te mogen verschijnen.

Bewezen is ook dat de huidige politiek werkelijk NIETS doet voor ons burgers en dan kunnen helaas heer Dick en Piar weinig uitvoeren als er geen eenheid is en iedereen voor zijn eigen spiegel een show loopt op te voeren.

Het is in en in triest dat een land als de Antillen al zo lang stuurloos is, maar ik weet wel dat ik met mijn stukken en acties aardig wat heb losgemaakt. Erger nog is, dat een eenvoudige burger, die compleet Aaa politiek is, heeft bewezen dat hij de politiek en een land compleet kan opschudden zonder dat zij het zelf in de gaten hebben. De toekomst zal het bewijzen wat deze stappen verder voor gevolgen hebben, maar ik kan nu al vertellen dat u ze zeker in de loop van de tijd verscholen en ongemerkt tegen zal komen.

Nu weet ik, dat u met een glimlach dit boekje heeft zitten lezen en u blijft zich afvragen wat ik werkelijk wil bereiken? Er zijn veel dingen die ik bereikt heb en dat is dat steeds meer mijn stukjes die geschreven zijn de afgelopen jaren wel degelijk aangetoond hebben dat ze op waarheid berusten.

Niet dat ik zelf op een waarheid zit te wachten want ik weet van mezelf wat ik doe en waar alle informatie vandaan komt. Het zijn die zogenaamde 'experts' die alsmaar alles in een put willen gooien maar ook deze willen verduisteren en zelfs willen verzwijgen om zo hun eigen onkunde niet te hoeven tentoon te stellen.
- Het zijn die gasten, wat ik al eerder aanhaalde, die zich schuldig maken aan valsheid in geschrifte.
- Die gasten die onder pseudoniemen werken.
- Die gasten die mails sturen onder valse namen.
- Die gasten die beweren alsmaar hoe goed ze zijn.

Stuk voor stuk lege omhulsels die menen bijna dagelijks in de pers ergens voor te moeten komen.

Het is gewoon duidelijk dat het die gasten zijn die niet werkelijk IETS voor de bevolking doen maar alleen hun eigen ego strelen! Dat ego wat o zo belangrijk is en een ego waar ze helemaal opgedoft elke dag voor de spiegel staan en verkondigen hoe goed ze zijn en wat ze voor goeds doen. De werkelijke mensen die goed doen hoor je of zie je niet. Deze mensen hebben geen spiegel nodig, geen krant en geen TV.

Allemaal mooi en wel maar waarom ben ik nu net diegene die meent dat aan de kaak te moeten stellen?
Ja, mooie vraag en ik zal hier het volgende op willen zeggen. Waarom ik na zoveel jaren zo ijverig in de pen ben geklommen is omdat ik het;
-   Zat ben om dagelijks leugens aan te horen dat we vrij zijn.
-   Zat ben dat wij als burgers zgn. mee mogen beslissen, maar van alles weg worden gehouden.
-   Zat ben om de lege omhulsels dagelijks in de krant te zien en menen dat zij de wereld in de hand hebben terwijl zij zelf in de tang zitten van een systeem dat bepaald wordt door de maffia. Enkele mensen die werkelijk op deze eilanden alles bezitten en zo de strategische punten van onze economie in de macht hebben.

Wat denkt u van een Venezuela met onze raffinaderij? De directeur die zelfs in opspraak komt door zijn provocerend gedrag maar ook werkelijk meent een belangrijke en invloedrijke man te zijn.

Hij die ook een speelbal is van de regering Chávez en zo moet zorgen dat wij als eilanden afhankelijk blijven via de distributie van zeer slechte olieproducten. Werkelijk afval waar wij het mee moeten doen en waar enkelen al vele malen voor aan de bel hebben getrokken en zelfs voor hebben moeten sterven!

Mensen, we worden werkelijk voor de gek gehouden!
En wij blijven maar geloven in het goede van dit systeem en zijn maffia en hun pionnen.

Nu weet ik dat ik niet serieus word genomen. Dat is begrijpelijk omdat u allen in dat systeem rondzwalkt en allemaal meent dat u er niet een deel van bent. Toch kan ik u zeggen dat als u eens een boek zou schrijven over uzelf, dan zult u verschieten waar u in terecht bent gekomen. Niet dat ik u iets ga verwijten want daar schiet ik niets mee op. Zelfs de pionnen en de politici zijn een product van deze maatschappij en zijn systeem. Ook hen kun je niet anders zien dan zielige mensen, die zelfs met beide voeten erin getrapt zijn om hun leven te laten misbruiken door een ziekelijk systeem. Als al deze mensen een balans op gaan maken, zouden ze verschieten wat er werkelijk met hen is gebeurd. Jammer genoeg komt die balans bij zeer velen pas op het einde van hun leven en dan komen ze er te laat achter wat er werkelijk met hen gebeurd is. Natuurlijk zijn er ook bij deze mensen die menen alsmaar goeds gedaan te hebben. Och nogmaals, ik neem ze niet kwalijk ze hebben nog veel te leren.

Uit gesprekken met zeer oude mensen die in het verleden wel degelijk o zo hoog op die politieke ladder stonden, blijkt op het einde van de rit dat ze inzien dat alles een spel is; een gemanipuleerd spel van een maatschappij.

Opgeslokt door macht en de vele verzinsels, opgeworpen als helden merken ze op de laatste dagen van hun leven pas dat er veel mis is gegaan in hun leven. Wat zo jammer is, is dat ze nauwelijks dan nog naar buiten komen of juist die ervaringen naar buiten brengen via een boek of ander medium. Helaas is bij hen ook die lust ontgaan.

Doordat ik werkelijk kan zeggen, dat ik zuiver en vrij ben van al deze negatieve energie, is het voor mij gemakkelijk dingen te doorzien. Ik heb geen mensen die me werkelijk in een hoek kunnen drukken, laat staan me ergens plaatsen. Zo ben ik dan ook een rare vogel in deze maatschappij. Het geeft mij die vrijheid om de ware aard van een ziekelijk systeem te doorzien. Met die gegevens heb ik getracht om een steentje bij te dragen in de terugkeer van een menselijk bestaan.

Nu heb ik uit vele oude geschriften kunnen lezen dat door de eeuwen heen rare vogels opgeruimd werden en dat ze op de een of ander manier uit de maatschappij geschopt werden. Een mooi voorbeeld is het om, zoals er bij mij gebeurt, me niet voor 'vol' aan te zien, 'ongeloofwaardig' en 'niet stabiel'. Uitspraken die veel gebruikt worden vanuit een ziekelijk systeem dat geen grip op me heeft. Mooier is om zo'n gast te elimineren, op te sluiten in een gesticht of werkelijk zorgen dat hij zijn mond niet open kan doen. Allemaal methoden die u leest en ziet om u heen met mensen die niet passen in een huidig corrupt maffia systeem.

Nu ben ik zelf al geruime tijd op een punt beland waar ik achter ben gekomen dat ze me aan kunnen doen wat ze willen, tot zelfs het elimineren toe, maar dat mijn energie en mijn werk door zal gaan.

Door het uitbrengen van de vele boeken en op het internet uitzenden van mijn doel kan mijn werk nooit meer gestopt worden. Het is nu al te zien dat door simpel een geval als Bon Futuro naar buiten te brengen, het gele corrupte systeem op deze eilanden ter sprake is gekomen. Niet dat ik dat alleen teweeg heb gebracht, maar ik kan wel stellen ook mede mijn inbreng.

Ook zal er in de toekomst nog zeer grote veranderingen komen en daar zal ik aan blijven werken. Want ik geloof in;
-	Een vrijheid van meningsuiting.
-	Een bescherming van elke burger op deze eilanden.
-	Recht voor elke burger op een menselijk bestaan.

Drie zaken die nog steeds met voeten worden getreden en dat met medeweten van ALLE politici die, op een enkele na, geen van allen werkelijk iets aan deze drie primaire rechten doen! Daar zal ik mij tegen blijven verzetten en me bezig houden. Of het in de vorm van stukken schrijven zal blijven gaan, kan ik niet zeggen want ik kijk niet in de toekomst en ik geloof ook niet in een verleden. De tijd zal uitmaken wat er gaat gebeuren, maar in mijn hoofd en achter de schermen zijn vele dingen gaande om deze drie criminele onrechtmatigheden aan te vechten en aan te pakken.

Op dit moment zijn er al 23 boeken van mijn hand verschenen en ik kan u zeggen, er gaan nog veel meer boeken komen als dat aan mij ligt. Maar wat momenteel in deze boeken staat zou al in principe voldoende moeten zijn om in te zien wat er met u aan de hand is.

Het is voor mij nog steeds niet te geloven dat de mensheid zo blind, zo afgestompt is geworden en als schapen achter een ander aanhobbelt en het mogelijk is dat er zelfs gedood wordt in naam van een God die overigens niet bestaat. Doden dus voor een fantoom, een niets, een geest! Hoe dat mogelijk is kan ik wel zien maar ik kan het niet begrijpen. Sinds de lange tijd dat ik al niet in een of andere God geloof, is mij duidelijk dat zeer vele mensen werkelijk een afgestompt hoopje vlees en bloed zijn. Zeker degenen die zich dan ook nog als een God voor willen doen of daar mee schermen.

Bij het zien van enkele films, die de Matrix werden genoemd, kwam ik erachter dat buiten de twee verhalen in die film een derde verhaal was. Een verhaal die kennelijk weinig mensen uit deze cyclus hebben gehaald.
- Buiten het vechten tegen machines en hun computers.
- Buiten het vechten tegen een systeem.
- Was er ook nog een verhaal te zien van mensen.
Mensen met een eigen hart en ziel die erachter kwamen dat alles mogelijk was.

Verder spaar ik u deze theorie want anders gaat u me al snel onder de fantasten zetten waar ik trouwens toch al onder val. Toch eigenlijk mooi dat een simpele burger zoveel titels bezit. Puur omdat de mensen om hem heen bang zijn en niet weten zich te gedragen ten opzichte van het onbekende!

Ik wil alleen zeggen dat wij de bevolking slaven zijn van deze tijd. Alsmaar houd ik u een spiegel voor en alsmaar wilt u uw eigen niet zien. U bent bang voor de werkelijkheid want wat u nu heeft is veilig!

Maar wat is veilig met zo'n systeem boven u hangend, bestuurd door eveneens oncapabele mensen en hun eigen ego's? Is dat een veilige haven? Nu is het geel, morgen groen en zo weer blauw en zo gaat de politiek wel dagelijks over op een andere kleur. De minderheid, die met hun grote mond dreigementen en met hun leugens mensen onderdrukt en hen naarstig probeert dom te houden.

Kijk even in de tijd dat alles in het Papiamento moest en waar een zekere heer Cova zo nodig contacten moest onderhouden met Cuba en Venezuela. Hij was werkelijk het land aan het verkopen en wij konden niets doen behalve toezien. Dat er een mogelijkheid bestaat dat een man, zoals we nu weer zien met een heer Godeth, de zaak in de tang kan nemen die daadwerkelijk te manipuleren is door een ziek systeem en zijn maffia achter hem.

Toch wil ik af gaan sluiten in een positieve manier. Al zult u dat niet willen geloven zeker niet na al deze ellende. Maar omdat ik dit allemaal schrijf is het niet omdat ik u het leven zuur wil maken maar hoop dat ik van de 200.000 personen misschien één persoon de ogen kan openen. Er zijn gelukkig wat mensen die het ook allemaal wel zien en voelen maar helaas nog niet mee naar buiten durven te komen. Natuurlijk niet, want wie wil nu zoveel weerstand in zijn leven opwerpen als die achterlijke Baselmans die alsmaar rottigheid opzoekt? Niemand toch? Maar wat ik graag zou willen is, dat u na het lezen van dit boekje eens voor de spiegel gaat staan en recht in uw eigen ogen kijken en af gaat vragen of u werkelijk het leven zo had gewild.

Meer hoeft u voor mij niet te doen. De gedachten, de energie die dan vrij zal komen moet u naar die weg brengen om de rest van uw leven voort te zetten zoals u meent het te moeten doen. Het is niet aan mij u te zeggen hoe een leven in te vullen.

De manier waarop ik mijn leven invul is het in ieder geval niet toegeven aan dit ziek en bedorven corrupt maffia systeem. Maar genoeg geschreven over dit onderwerp en ik wil dan ook eindigen met een woord van hoop dat werkelijk meer mensen op gaan staan om deze eilanden op een goed pad te krijgen. De ware bevolking van dit eiland heeft het verdiend en als ik zo sta te praten met de oudjes hier om me heen dan hoop ik alsmaar dat ook zij eens mogen genieten van een werkelijke vrijheid en respect voor het leven. Juist deze mensen die o zo veel hebben meegemaakt, zijn zover boven deze ellende gaan staan dat ook de ellende en de armoede hen niet kunnen beletten om te genieten van het goede wat deze eilanden te bieden hebben.

U zult zeker wel in twijfel trekken of er na het lezen van mijn drie boekjes 'ingezonden stukken' nog wel iets goeds is. Ik kan u vertellen dat deze eilanden een geweldig stekje op deze wereld zijn. Een stekje van vriendelijkheid, begrip en saamhorigheid onder de oude lagen van de bevolking. Die mensen, die altijd hebben moeten horen dat ze niets goed deden maar doorgingen in het leven wat zo mooi is.

Het leven wat zeker in de omgeving waar ik met mijn vrouw mag leven, een aparte plaats is:

- Een plaats waar u gaat inzien dat leven niets te maken heeft met een maatschappij.
- Een plaats waar u ook gaat inzien dat vele mensen ziek zijn, ziek van de vele negatieve gevolgen in en om hen heen.

Dat wij het voorrecht hebben buiten dit, het ware leven te mogen zien is iets waar ik elke dag mijn energieveld voor bedank. Het is een voorrecht dankzij de zeer lieve mensen om ons heen en de ware ruwe natuur met een heuvel aan ons zijde met daar boven de 'white eagles' die ons laten weten dat we welkom zijn. Het is een plaats waar vele mensen letterlijk alleen maar over durven te dromen. Toch zou dit allemaal weggelegd kunnen zijn voor u allen maar zolang u niet in de spiegel kijkt en weet wie en wat u werkelijk bent zal die vrijheid nog een lange weg zijn.

Met deze woorden en wijsheid wil ik dit boekje afsluiten in de hoop werkelijk eens met u, mensen die het pad verloren zijn, het ware leven te mogen aanschouwen. Is het niet in werkelijkheid, toch weet ik dat het allemaal mogelijk is in een wereld van positieve energie.

Ik wens elk mens van vlees en bloed, elk individu wat momenteel zwervende is en elk verdwaald persoon een goede reis naar de wereld waar wij weer als mensen samen, met en onder elkaar kunnen leven. Met hetzelfde respect wat u voor mij heeft en ik voor u.

Boeken geschreven door John Baselmans:

Drawing courses

Drawing course John Baselmans   ISBN 978-0-557-01154-4 (Soft cover)

The secret behind my drawings   ISBN 978-0-557-01156-8 (Soft cover)

The world of drawing humans   ISBN 978-0-557-02754-5 (Soft cover)

The world of drawing humans (bl/w) ISBN 978-1-4092-5186-6 (Soft cover)

Leren tekenen met gevoel   ISBN 978-1-4092-7859-7 (Soft cover)

Other books

Ingezonden   ISBN 978-1-4092-1936-1 (Soft cover)

Eilandje bewoner   ISBN 978-1-4092-1856-2 (Pocket)

Eilandje bewoner - Luxe edition   ISBN 978-1-4092-2102-9 (Hard cover)

Eilandje bewoner Part 2   ISBN 978-0-557-00613-7 (Pocket)

Eilandje bewoner - Bundle   ISBN 978-0-557-01281-7 (Soft cover)

World of positive energy - Illustrated ISBN 978-0-557-01281-7 (Soft cover)

Moderne slavernij in het systeem   ISBN 978-1-4092-5909-1 (Soft cover)

U kunt deze boeken bestellen op de website;
http://www.johnbaselmans.com/Books/Books.htm

www.ingramcontent.com/pod-product-compliance
Lightning Source LLC
Chambersburg PA
CBHW071714170526
45165CB00005B/2013